超解読!

はじめての
ヘーゲル『精神現象学』

竹田青嗣＋西　研

講談社現代新書
2050

まえがき――自由のゆくえ

西　研

重要だが、超難解な書物

『精神現象学』は一八〇七年に書かれた、ヘーゲルの主著である。そしてその後の多くの思想家たちに大きな影響を与えてきた。マルクスはもちろんだが、二〇世紀になってフランスに紹介され、バタイユ、サルトル、ラカン、メルロ＝ポンティらにきわめて大きな影響を与えた。「ヨーロッパ哲学の最重要書物を五冊」と言われたら、そのなかに『精神現象学』が入る確率は高い。

それほど重要だとされながら、しかしこの『精神現象学』ほどきちんと読まれてこなかった本もない。なぜなら、この本はあまりにも難解だからだ。ヘーゲルがきわめて独自な用語を用いて書いていることもあって、その文章はともかく読みにくい。フッサールやハイデガーも難解だが、ヘーゲルの読みにくさは別格と言っていい。さらにもう一つの理由として、この書物が全体として何を言わんとしているのか、つまりそのモチーフがきわめてわかりにくい、ということがある。

よく知られているように、この本の主人公は「意識」であり、この意識がさまざまな経験を積んで成長していくという物語仕立てになっている。そして、この成長物語のスタイルのなかに、さまざまな人類の経験（自然、自己、他者、共同体、神などに関わるさまざまな経験）を包括して一冊にまとめようとしている。

そんな途方もなく壮大な構想をもった書物なのだが、そのなかには興味深い物語がつぎつぎと登場する。「オレを認めろ！」と言って争い、勝ったほうが主人となり負けたほうが奴隷になる。これがヘーゲルの考える歴史の始まりだ。人には自己価値（プライド）が重要であり、他者からの自己価値の承認を求めて試行錯誤せざるをえない。もちろん「承認を求めて一喜一憂するなんてバカらしい」とひそかに思う中高生のような意識も登場する。さらに、恋愛や世直し、また文学や芸術に「最高のもの」を求めて生きようとする意識も登場する。メルロ＝ポンティは「ヘーゲルの『精神現象学』は小説みたいにおもしろい」と語ったが、『精神現象学』は、「あ、こんなやついるぞ！」と思ったり、自分のことが語られているようで身につまされたりする、そんな珍しい哲学書なのである。

それほどおもしろい本ではあるのだが、この本の全体を通したモチーフ、つまりヘーゲル自身の「問い」がつかまれてきたかというと、決してそうではない。その思想の一部でもって全体が解釈されたり、モチーフを無視した上で全否定されることも多かった。

そもそも普通の哲学書なら、序文に「この本が問うているのはこんなことです」と書いてあるものだが、この本の序文・緒論には、なんと問いがない。「これから意識の経験を叙述していきます」と書いてあるだけなのだ。『精神現象学』は、中身を徹底的に読んではじめてそれが問おうとしたことがわかってくる、そんな困った本なのである。そして、大胆な言い方になるが、いまだ『精神現象学』はほんとうには読まれていない、という気持ちが私たち（竹田と西）にはある。

そこで私たちは、この『超解読！ はじめてのヘーゲル『精神現象学』』において、この難解な書物を可能な限りわかりやすく解読するだけでなく、そのモチーフが明らかになるような仕方で『精神現象学』の全体像を描き出そうとした。はじめての方はもちろん、ヘーゲルをすでに読んできた方にも、読んでいただきたいと思う。

「自由のゆくえ」の問い

では、『精神現象学』を貫く全体的なモチーフは何だろうか。一言で言えば、それを「自由のゆくえ」の問いと呼ぶことができる。

よく知られているように、近代になると、共同体との密接な結びつきから切り離された「自由な内面をもつ個人」が生まれてくる。自分が将来どうやって生きていったらよいかを問い、他者との関わり方に悩み、社会のルールや制度を批判的に見たりもする。自分だけの価値観や想いをひそかに抱き、ときには自分こそすごいと思いこむが、現実の無力に打ちのめされたりもする、そんな個人のことだ。『精神現象学』を読んでいると、ヘーゲルは、一人ひとりがもつ内面のドラマに魅せられていたのではないか、と私は感じることがある。

近代以前には、このような自由な内面をもつ個人は（ごくわずかな知識層を別として）存在しない。たとえば日本の農村でも、人びとは父祖伝来の土地を耕して生きていく共同体的な生活を営んでいた。長男は家の跡継ぎをし、女は他の家に嫁に行くことになっていた。つまり、村や家のなかで人が果たすべき「役割」は明確に与えられていて、それ以外の生き方を考えるのは難しかった。――そしてこれは、大昔の話ではない。一九六〇年には日本人の三割以上が自営農林漁業者であり、ほぼこのような生き方をしていたのである。

ヘーゲルに戻ると、人びとが役割を担って生きる生活を、彼は古代ギリシャのポリスのなかに認めている（精神の章・人倫的世界）。そこでは男は戦士として祖国を守るために戦う。男にとってそれは当然である。女は戦いに行って死んだ兄弟を埋葬する義務をもつ。女にとってそれは当然である。このように掟と人間とはぴったりとくっついていて距離がない。だからこそこのギリシャ世界には、個人と全体のあいだに無自覚な美しい調和が成り立っている、とされる。

そういう無自覚な調和が破れ、共同体から自由な「個」が生まれてくるのがローマ時代である（『精神現象学』では、ローマは近代の始まりのように語られる）。この個人は、自分こそ大事だと思っているが、しかし、不安で無力な個人でもある。近代になると、個人は自信をつけ、自然や社会を積極的に理解しようとし、自分が納得したこと以外は認めようとしない、そういう自立した個人となっていく。いわゆる啓蒙の時代である。人びとがこうして自由で自立した対等な個人になっていくと、ついに身分制社会を打ち壊すフランス革命が勃発し、人権が明記された憲法がつくられる。ではそれ以降、人は何を柱として生きていけばよいか？　そこで、カントやドイツのロマン主義者たちの道徳思想が検討されることになる。

ざっと精神の章の流れをたどってみたが、その流れのなかでヘーゲルが問うていることは明らかだ。〈共同体から切り離された自由な個人となったときに、人は、他者・社会・自己に対してどのような態度をとっていけばよいか〉——これこそが『精神現象学』のなかで問われている最大の問いなのだ。自由に思考する内面は、たしかに無自覚な素朴な共同体との調和を失う。しかし、喪失は自覚的に関係を結び直す契機となる、とヘーゲルは考える。ではどのように他者や社会との関係を結び直せばよいのか？

ヘーゲルの最終的な答えは、理性の章末尾の「事そのもの」の箇所と、精神の章末尾の

「良心」において与えられている。この内容についてここで語る余裕はないが、そこを読んでみれば、自由がよいかたちで実を結ぶ可能性について、ヘーゲルがじつに深く考えていることがわかるだろう。

ヘーゲルの問いは、高度経済成長期を経て、村落共同体の生活から都市的な生活に急激に移行した私たちにとって、きわめて切実な問いでもある。この『超解読～』をお読みになれば、二〇〇年以上前に書かれたこの本が、過去の本どころか、現在を生きる私たちの問題とまっすぐにつながっていることを実感されるに違いない。多くの方に手にとっていただきたいと願っている。

目次

【凡例】

・用語は基本的に金子武蔵訳に対応させた。訳文に関しては、金子訳を参照しつつ西が手を加えた。
・〔　〕は解読者の補説。
・各章の冒頭には〔⇓〕で章頭解説を、末尾には章末解説をつけた。
・『精神現象学』本文からの長い引用は『　』で括り、ホフマイスター版（第六版）と大全集版の二つの原書頁をつけた。区別のために前者をイタリックにしてある。

緒論

竹田青嗣

哲学における「認識」の難問

哲学は「真に存在するもの」を認識する学だから、誰もが当然のこととして、まず、「認識の方法」について十分吟味しておくべきだ、と考える。われわれはたいてい、「認識」というものを、それを通して「絶対者」(=真に存在するもの)を捉えるための「道具」や「手段」と考えてしまうからだ。

たしかに、認識能力という「道具」や「手段」がまちがっていないか、限界をもっていないかをはじめに確かめることで、正しい認識が可能になる、と考えるのは自然なことだ。しかしじつは、認識を、対象を正しくつかむための「手段」や「道具」とみなすこの考えから、認識についての考え方の大きな混乱が生じているのだ。

たとえば、認識(主観)と対象(客観)のあいだには、決定的な超えがたい溝があるという考え〔カントの物自体などを指す〕や、認識という「道具」が、認識の対象を〃加工したり、変形したり〃するのではないか、また、人間が何かを見るとき、それはあくまで「視覚」を通して見えているものであって、もはや「対象それ自体」とは言えない、といった考えがある。

さらに、いや、道具としての「認識の性質」が十分に分かれば、認識されたものから「認識の性質」を差し引けば「対象そのもの」が残されるはずだ、などといった考えもある。

さらにまた、いや、認識は「鳥もち」のようなもので、「対象そのもの」を変形せずにつかまえられるのだ、と主張する人もいる。

だが、どの考えも認識の本質をつかみ損ねているというほかはない。

人間がもつ「認識」という道具は、はたして正しく「対象」を認識できるのかという認識への疑念は、長く哲学史の中心テーマの一つだった。だが、一方で、自然科学の認識が、客観的な認識（学）として確実に成立してきたことは誰もが知っている。ではなぜそもそもこんな認識への不信が生じているのかを、まずはよく考えてみる必要があるのだ。

このような認識への疑念の第一の原因は、認識対象と認識主体とを完全に対立的なものとみなして分離し、認識をこれを媒介する「道具」のようにみなす考えにある。主観がこちら側にあり、客観（対象）はあちら側にあるというわけだ。ここから、そもそも「正しい認識」は可能なのか、という「認識への恐れ」が生じてくるわけだが、これはむしろ「真理への恐れ」と言ったほうがよいかもしれない。

この恐れはまた、『**絶対者のみが真なるものであり、言いかえると真なるもののみが絶対である**』（65, 54）という考え、すなわち、認識とは、ある「絶対的なもの＝真」を正しく捉えられるか否かのどちらかだ、といった極端な考え方から出てくるのである。

だがほんとうは、認識というものは段階的なものであって、「真に存在するものの全体」（絶対者）を一挙に認識できないとしても、一定の仕方で真を捉えているということがありうるのだ。このことを適切に理解できれば、まず、右のような「認識への恐れ」は無用のものとなるはずだ。

徐々に明らかになるが、いま見てきたような哲学における認識論の難問《アポリア》は、「絶対的なものの認識（真）」と、「相対的なものの認識（真）」との区別がはっきりするにつれて解かれてゆくことになるだろう。

「見せかけの認識」をたどる道

認識というものを「手段」や「道具」のようにみなす考え方が、「認識主体」と「認識対象」とを対立的に区別する考えを生みだしていた。つまり、これまでの「絶対者」（真に存在するもの）や「認識」、「客観」といった概念は、十分検討されたものとは言えず、認識についての「真の学」〔ヘーゲル哲学のこと〕によって正されることになるだろう。

ただ、誰もが自分の考えこそ「真の学」だと主張できるわけだから、ただそう主張するだけでは意味がない。何より重要なのは、「真の学」は、認識についてのいわば「見せかけ（仮象）の学」を克服しなければいけないが、そのためにはまずこの認識の見せかけ（仮象としての知）のありように立ち向かう必要がある、ということだ。

自分の学こそ「真の学」であるというやみくもな断言も、自分の学のうちには「より善き知への予感」があるなどという吹聴も無意味である〔暗にフィヒテやシェリングを指している〕。われわれとしては、いきなりここに「真の認識理論」があるなどとは言わず、まず人間の認識がとるさまざまな「仮象」の姿、つまり「現象知」のありようをたどりつつ、その意味を吟味してゆく、という方法をとることにしよう。

限定的な否定としての懐疑主義

『精神現象学』は、見たように、仮象の知、つまり「現象してくる認識（知）」のありさまを扱うので、ほかの認識学とはちがったかたちをとることになる。

「われわれの立場からは」、真の認識の学としての『精神現象学』は、素朴な「意識」がさまざまな素朴な知＝認識のありようを経験しつつ、その本性にしたがって、徐々により本来的で真実な「知」と自己自身についての本質的な理解へと高まってゆき、ついにこれ以上は進めない最後の地平にいたるまでの、そのすべてのプロセスをくまなく描くという方法をとることになるだろう〔ヘーゲルは、しばしば「われわれの立場からは」、あるいは「われわれにとって für uns」という言い方を使うが、これは、意識経験のプロセスをすべてたどり終えた自分の哲学的な観点から言えば、というほどの意味〕。

『言いかえると、魂（ゼーレ）が己れの本性によってあらかじめ設けられている駅々としての己れの一連の形態を遍歴してゆき、己れ自身をあますところなく完全に経験し、己れが本来己れ自身においてなんであるかについての知に到達して、精神（ガイスト）にまで純化させられるさいの魂の道程であると、この叙述はみなされることができるのである』(67, 56)。

さて、われわれの認識がそういう高度な地平まで到達すれば、それまでの自分の認識（知）のあり方の不十分さをはじめて理解できるわけだが、素朴な段階の意識ではそれを自覚できない。このために、そのような「自己意識」にとっては、そのつどの認識は否定的でかつ「自己喪失的」なもののように見える。言いかえれば、絶えざる「懐疑」や「絶望」のプロセスとして現われるのだ。

つまり、このプロセスの途上では、いったん正しいと見えた認識が「じつはそうではなかった」となる事態が、何度でもくりかえされることになる。真理に届こうとする熱い思いは、どんな権威にもたよらず一切を自分で吟味しつくそうという決意のかたちをとるが、それがまた徹底的な「懐疑」を呼ぶことになる。

だが、真の認識に達するには、ただ強くそう決心するだけでは不十分であって、なによりその境位に到達するための〝適切な方法〟が必要なのだ。そしてその方法こそ、われわれが提示するこの方法、つまり、まだ素朴な認識にとらわれている意識が、さまざまな困難に出会いながら、自己の認識を徐々に高めて、最高の認識のありようにまで進んでゆくその諸段階（諸形式）を、すべて余すところなく記述する、という方法なのである。

またこう考えると、われわれは、普遍的な認識の努力の途上で、必ずさまざまな懐疑主義が現われる理由もよく理解できる。

懐疑主義とは、この認識のプロセスのなかで、「その結果のうちについに純粋な無だけを見る意識」〔結局、確実な認識は何も得られない〕である。しかし、そのような認識の「無」＝「否定性」が現われること自体、このプロセスにおける一つの必然性であって、その意味でこれもある「真実」の所産だと言える。むしろ、懐疑主義の「認識の不確実性」を、「限定された否定」だと考えれば、そこに新しい可能性の道（「移行」の道）が開けてくる。

さて、このような、高まりつつ展開してゆく認識（知）にとって、そのつどその「目標」となる場所を、われわれはさしあたり、『**概念が対象に、対象が概念に合致するところ**』（69, 57）と言うことができる。

その意味は以下である。人間が動物と決定的にちがう点は、まず「自己」自身を、つぎに「自己」と「他の存在」との関係をどこまでも〝対象化〟する、という独自の能力にある。そのため人間は、直接的な自己意識に閉じこもることはできず、つねに「個的なもの」と「彼岸的なもの」、そして「個別性」と「普遍性」という二重の視点をもつ。

この二重性からつねに認識上の矛盾が現われるのだが、また、人間の意識はこの矛盾をたえず超え出ようとするような本性をもっているのである。このことこそは、人間が、自己の世界経験を、つねにより高度でより普遍的なかたちへと展開してゆくことの、本質的な〝根拠〟なのである。

知と真

いま、この『精神現象学』の進み行きについて述べたが、これによってどのように「真の認識」が実現されるのかについて、その「方法の原理」について述べてみよう。

ここでわれわれは、現象的で不完全な知（認識）のあり方を吟味しながら、その妥当性を確認してゆくという方法を取るのだが、ふつうはこういう場合、現象的な知の妥当性を測るための「尺度」（基準）が問題となる。何かの〝正しさ〟を吟味するからには、とうぜんそれを測る尺度が必要とされる。そこで一般的には、この「尺度」と吟味される「対象」との「等、不等」が、また問題になる。つまり、吟味されるものがその基準にどれほど「一致」しているか、ということだ。

われわれの「学」はまだ出発したばかりだから、とうぜん、その「尺度」が正しく適切なものかどうかという疑問があるだろう。しかし、これについては、「知 Wissen」と「真 Wahrheit」という二つの概念をおいてこれを考えれば、上の難問はクリアできると言おう。

この二つの概念を説明すれば、以下のようになる。

①まず、意識は「対象」を、自己の外にある「このもの」として措定するが、このとき「対象」は、意識にとって「かくかくのもの」として存在するもの、である。このような〝意識に対して（にとって）ある〟対象のあり方を、「知」と呼ぼう。

②だが、この「対他存在 Sein für ein anderes」に対して、「自体存在 das Ansichsein」（「即自存在」とも訳される）なるものも考えられる。〝意識に対して〟かくある存在ではなく、いわば〝それ自体としてある対象のあり方〟である。こちらをさしあたり「真」と呼んでおく。

つまり、「対象」には二つの契機があって、一つが「対他存在」（＝知）、もう一つが「自体存在」（＝真）である。

いま見たように、認識の営みが「知」と「真」（概念と対象）が一致するかどうかを確かめることだとすると、まず自分の「知」（認識）の正しさを吟味する必要がある。だがこのとき、認識はどこまでいってもわれわれの「主観」としての認識でしかないことに気づくはずだ。

それゆえ、われわれは自分の「主観」から抜けでて、自分の「知」がたしかに「真」と一致していることを確認することは、決してできないことになる。これが、「主観」はどこまでも「客観」に達しえない、という認識論の難問《アポリア》の意味である（デカルト、カントがこの難問を提示した）。

だがこの困難は、つぎのように考えることでクリアできる。

人間は誰も主観としての「知」を出られないため、「知」と「真」の「一致」を決して確かめられない、ということが問題だった。しかしよく考えてみれば、この「知」と「真」という区別自体が、じつはわれわれの「主観」のうちで生じている区別だということに気づかないだろうか。

先に、ある対象が「意識に対して」存在するありようを「知」（対他存在）と呼び、これに対して、対象がそれ自体として存在するありようを想定して、これを「真」（自体存在）と呼んだ。そしてそのうえで、両者の正しい一致があるかどうか、つまり「概念と対象の一致」が問題とされたのだった。

だがいまわれわれが理解したのは、「概念」と「対象」が、じつはともに〝われわれのうちに〟存在しているということ、つまり、『**われわれの探究する知ること自身のうちに**

属しており、したがっていろんな尺度をわれわれがもちこんだり（中略）する必要はない』（*71f.* 59）ということなのである。

こうして、「知」と「真」の一致を吟味するのに、意識の外側から特別の正しさの基準をもちこむ必要はないことがはっきりした。

はじめわれわれは「対象」（真）と「概念」（知）を切り離し、両者を対立するものと考えていたのだが、じつはこの区別自身が、われわれの「主観」の内部で生じていたものだったのだ。すると、「認識」の尺度の「正当性」を測る手だてをどう保証できるかなどと考える必要はないことになる。

では、どう考えればよいか。さしあたりわれわれは、意識のありようだけに注目し、意識のうちに現われるこの「知」と「真」という二契機の関係を吟味しつつ進んでゆけばよい。ただ、このときつぎの点が重要である。

意識は、正しいと思っていた自分の「知」が「真」に一致しないことを見出したとき（ああ、これかと思っていたら、つぎに違う面が出てきた）、一致を求めて自分の「知」を変えようとする。そして、これがほんとうの「知」（つまり真に一致している）だった、と考える。

だが、この新しい「知」はあくまで「対象の知」であるから、このときじつは、「知」のありようだけではなく「対象」のありようも変化しているのである。これは少し複雑なのでもう少し説明しよう。
あることがらの「認識」が進む、というとき、それは、はじめ対象の「真」（ほんとう）と思っていたものが〝自分にとっての〟「知」にすぎなかったと分かる、ということを意味している。つまりこの場面では、新しい「知」こそが「真」（ほんとう）だったとみなされるわけだ。

　ところで、われわれがものごとをより深く知ってゆくというとき、このように、古い「知」がより新しい「知」（つまりこれこそ「真」だ）になってゆく、という事態が何度もくりかえされる。そしてこのことで、両方の契機が徐々により高度なものになってゆくというプロセスが進んでゆくのである。

　つまり、われわれは認識の営みを、「主観対客観」の構図ではなく、「知」と「真」という契機に区分し、この両契機が対立しつつ互いに対の契機を展開させてゆく、という原理で考えるべきなのである。

　この考えによってわれわれは、これまでの「主観―客観」図式による認識論が、なぜ認識を道具と考え、つぎにこの「道具の正しさ」の問題にぶつかってその先に進めなかったかの理由を、はっきりと理解することができる。

経験の運動

こうして、意識が「知」と「真」の弁証法的運動をくりかえしながら、認識のありようを高めてゆくプロセスを、「経験」と呼ぼうと思う。

この「経験の運動」の基本の構図は以下のようなものだ。

見てきたように、意識が対象を認識してゆくとき、対象は二つの契機をもった。「対象それ自体（真＝自体存在）」と「意識に対して現われている対象（知＝対他存在）」である。意識が対象を「経験」してゆくとは、対象についての「これはこれこれだ」というはじめの認識のあり方に、「じつは、こういうものだった」という新しい発見が重なってゆくということだった。この場合、つぎのようなことが起こっている。

はじめに「真」と思えたものは、新しい発見のあとでは、自分の〝主観にとっての対象〟、つまり「知」にすぎなかったとされ、新しい知見（じつはこうだったのだ）こそが「真」だとされる。しかし、この「真」もそのじつ、やはり自分の主観にとっての「知」なのであって、そのことはより高度な知見が現われることで明らかになる。

重要なのは、およそ「認識」における「経験の運動」とは、このように、「真」としてつかまれたものがじつは主観的な（自分にとっての）対象の「知」にすぎなかった、という発見の連続として進んでゆく、ということである。

このような見方は、ふつうの認識の概念からはかなり奇異なものと感じられるかもしれない。というのは、一般には認識というものは、対象の自体存在（真）は「不変」のものとしてあり、経験が進むにつれて、われわれの「対象認識」（知）のほうがこれに近づいてゆく、と考えられているからだ。

しかし、そのような見方は、対象と概念、真と知を、あくまで絶対的な二項として区分する考え方から来ているのである。また、認識の問題をこのように捉え直すと、われわれは、哲学の認識問題につきものの「懐疑主義」についても、その本質をきわめてよく理解することができる。

認識の「経験」では、見たように、自分の「知」と対象の「真」がどこまで行っても「一致」を見ないという事態がくりかえされる。しかしこのこと自体が、対象と概念を絶対的に対立させる図式によって生じる見かけ（仮象）のイメージなのである。

ここでは、「真」は、徐々に展開され高度になりゆくものではなく、絶対的な「真」か否か、という対立の構図でつかまれ、しかもその一致が「否定」されるプロセスがつづくために、「絶対的に確実な認識はどこにも存在しない」という考えが現われるのだ。そして、この懐疑論的な認識の「無」（認識の不確実性・不可能性）の考え自体が、認識経験の必然的な一プロセスであることは、いまやわれわれにとっては明らかである。

要約しよう。われわれの「意識経験の学」という観点からは、意識経験はつぎのように進む。

はじめに「真」と思われたものは、つぎの新しい「真」の発見によって、素朴な「知」にすぎなかったことが明らかになるが（『**自体が自体の意識に対する存在となる**』74, 61)、しかし、対象の新しい「真」だと考えられたものも、またすぐにつぎの発見によって、これも対象についての主観的「知」にすぎなかったことが分かる、という具合に進む。

こうして認識は、あくまで「意識」（主観）のうちの「知」と「真」の契機が相互に関係しながら、その本性にしたがって、より普遍的なものへと高度化し展開してゆく、という以外の道をとることはできないのである。

〈☆⇓章末解説〉

この緒論は、『精神現象学』における「認識論」の方法のもっとも基本的な構図を示しているところで、とても重要だ。

第一に、ここでヘーゲルは、彼独自の新しい認識論の方法、つまり弁証法的認識論の方法を提示している。人間の対象認識は、決して一挙に対象についての「真」に到達することはない。それは見たように、「真」と「知」という二契機を交替しつつ進むという運動をくりかえす。認識はこの経験の運動に媒介されて、はじめてより高次な認識に進んでゆく。

つまり、こういった認識論の新しい図式を示すこの緒論は、ヘーゲル弁証法の方法をあざやかに示す象徴的な箇所である。

第二に、この弁証法的認識論によって、ヘーゲルは、デカルトやカントによって典型的に示されていた、近代認識論の「主観―客観」（意識―対象）という根本図式を、決定的な仕方で変更している。

なぜなら、「主観―客観」という認識図式は、「主観」と「客観」の一致こそ真理であるという考えを前提し、しかし同時に、「主観」と「客観」は決して一致しないという論理的に解けない難問《アポリア》を生みだすからだ。

デカルトもヒュームもカントもはっきり認めたように、この「主客の不一致」の原理は動かしがたいものであり、まさしくこのことから、「主客」一致の構図は、必然的にその対抗者として、相対主義や懐疑主義を呼び寄せるのである。

この緒論で、ヘーゲルは、なぜ認識における「主観―客観」図式が、相対主義、懐疑論の「真理の不可能」という袋小路へと進むのか、またこれをいかにして克服することができるかについて、決定的な議論をおこなっている。

つまりここで彼がおいているのは、「主観―客観」という構図ではなく、「主観〈知―真〉」という意識一元論の構図である。分かりやすく言うと、「主観―客観」という対立の構図は、じつはすっかりわれわれの「意識」のうちで生じている対立であることを示したのだ。したがって、「意識〈主観―客観〉」がヘーゲル認識論の基本図式であることが分かる。

「主観―客観」図式への対抗として、相対主義や懐疑主義をおくのは大昔からおこなわれている戦略だが、なにより重要なのは、そうではない根本方法を見出すことがいかに困難かということである。現代哲学においてもまだ相対主義や懐疑論が主流であることを考えると、この問題の意義はきわめて大きい。

つけ加えると、「主観―客観」図式を「意識」の領域に還元するという方法はきわめて根本的なもので、ヘーゲルの後、ニーチェ、フッサール、そして後期のヴィトゲンシュタインがこの構図をとることで、はっきりと相対主義や懐疑主義を超え出ている。ただし、ヘーゲルでは、その哲学体系の頂点に「絶対精神」という超越項が存在している。このために、ヘーゲル認識論の画期性はその力をそがれていると言わねばならない。

第一章　意識

西　研

〔☆⇓〕これから私たちは意識の経験をたどっていくことになるが、ヘーゲルは意識を大きく三つのタイプに分けている。「(狭義の)意識」と「自己意識」と「理性」とである。

狭義の意識は「対象意識」とでもいうべきもので、もっぱら自分の外にある対象(物体や自然)に目を向けて、それらの対象の真理(＝対象とは真実には何であるか)を求めようとする。この意識は、対象を自分とはまったく別のものとみなしている。

つぎのタイプは「自己意識」と呼ばれる。自己意識は、自分の外なる対象ではなく、もっぱら「自己」を意識する。そして、自己の自立性と自由とを実現しようとして他者や自然に関わっていく。

最後のタイプは「理性」である。理性は対象意識と自己意識との統一であって、対象や世界は自己と深くつながっていると確信している意識である。

一言でまとめるならば、意識は「外なる対象の真理」を、自己意識は「自己の自由」を、理性は「外なる対象のなかに自己を」求めて進んでいく。つまり、それぞれが目標とするものがちがう。しかしこれら三つは完全に別々のものではない。意識はその最終局面で自己意識に転換し、自己意識もその最終局面で理性に転換する、というふうに進行していくのである。

※

さて私たちがこれからとりかかる「意識」の章は、感覚的確信→知覚→悟性、という順番で進んでいく。この流れについても、簡単にスケッチしておこう。

①感覚的確信――これが意識経験のスタート地点であって、いわば最低次の意識である。さまざまな色や形の感覚が豊かに与えられている点ではとても豊かだが、そこにふくまれる知としては「これがある」としか言えない点で、きわめて貧しい。

②知覚――つぎの知覚は、対象を、さまざまな諸性質をもった「物」として認識するものである。一つの物（たとえば食塩）について、そこに白や辛さなどのさまざまな普遍的な諸性質を見出す。

③悟性（知性）――悟性は、もう目のまえにある具体的な物を対象としない。具体的な諸現象を生みだす〝もと〟になるもの、つまり「力」や「法則」を対象とする。

この歩みの全体の流れは、眼前にある対象を感覚的に捉える段階から出発して、次第に対象と世界とを思考によって再構成し捉え直していく歩み、といえる。そしてこれは同時に、対象と自己とをまったく別々のものと思っていた意識が、自己意識へと転換していく歩みでもある。

悟性の最後において、対象世界の真理だと思っていた自然法則が、じつは、対象世界を統一的に説明しようとする思考の運動であったことがわかってくる。自分が対象の真理と思っていたものは、自己の思考の運動だったのである。それに気づくことによって、対象意識は自己意識へと転換していくことになる。

I　感覚的確信、あるいは「これ」と思いこみ

主客の融合状態

われわれが最初にとりあげる意識形態は、「感覚的確信」と呼ばれる。これは、あれこれと思考を働かすことをせず、対象を感覚が示してくるそのままに（直接無媒介に）受けとめている意識である。

この確信の内容は具体的なので、一見すると、「もっとも豊かな」認識であるかのように見える。空間や時間の面でこの内容の外に出て行くときにも、またわずか一片をとって細かく分割して見ていっても、その豊かさには限りがない。また、この確信は「もっとも真実な」認識であるかのように見える。なぜなら、対象のすべてを感覚が示すとおり「そのまま」に受け取っているからだ。対象を全身で受け止めているこの意識こそ、もっとも豊かな内容をもち、かつ思考によって対象を歪めることのない、もっとも真実なものだろう。

ところが、そこに含まれている「知」の面からすると、この確信はきわめて貧しい。「ただある」としか言えないからだ（むしろ、何も言わず感覚にひたっているだけ、と言うべきかもしれない）。「私」が何かを感じているのでも「対象」がそこに存在していると いうことでもない、まったくの「ただある（純粋存在）」の状態、これが意識経験の出発点である。

個物の独立存在を主張する

この純粋存在、つまり主客の融合状態から、自我と対象とが「離れ落ちて」くる（うっとり対象を見つめていた状態からハッと我にかえったとき、とイメージしてみるとよい」。そのとき、意識はこう言う。「これ（眼前の対象）は、ある」と。

このとき意識は、「これ das Diese」は自分がそれを知ろうと知るまいと関わりなくそれ自体として存在する、つまり意識から独立して存在していると思う。かつ、「これ」はまったくの個物である、つまり他の対象とはまったくちがう独自なものであるとも思っている。

このように、意識は対象を、他との関連をまったくもたないという意味での『**単純な無媒介に存在するもの**』(80,64) とみなすのである。

では、感覚的確信に向かって「これとは何か？」と問うてみることにしよう。すると、「これ」とは「いま・ここにあるもの」となるだろう。そこで、まず「いま」について調べてみる。いまは夜だが、しばらくすれば昼になる。いまとは、朝でも昼でも夜でもあるが、しかも、そのどれでもないものとして持続している。「ここ」についても同じだ。ここは家であったり木であったりするが、しかしここはそのどれでもないものとしてある。「いま」も「ここ」も、したがって「これ」も、確信が思いこんでいたような「無媒介なもの」（＝他との関わりをもたずそれだけで独立して存在している個物）ではなく、反対に「普遍的なもの」なのである。

［⇒］このくだりは、まるで個物の存在を否定してしまったように聞こえる。そこで

「ヘーゲルは感覚的な個物の存在を否定したが、感覚的な存在こそが真に存在するものだ」というフォイエルバッハらの反論を招いてきた。しかしヘーゲルは、個物の存在を否定しようとしたのではない。目のまえの個的な対象はたしかにあるのだが、しかし、その認識のなかには、それが昨日見たものでは「なく」、向こうにあるものでも「ない」ということが含まれている。つまり、個物の感覚的認識は、まったくの直接無媒介なものではなくて、そこにはすでに時間的・空間的な思考（知的な把握）が含まれているのである。ヘーゲルの真意は、このことを示すところにある。

自分の感覚の確かさを主張する

意識は、このような反論を受けて、さらにこう考える。対象はどうでもよい。「私が見たり聞いたりしていること」、つまりこの個別的な感覚こそが確実なのだ、と。ここでの意識は、自分の感覚の個別性に固執する立場となっている。

しかし、それに対しても先ほどと同種の反論が成り立つ。「見ること」は普遍的（一般的）なことだからである。たしかに私は家を見たり木を見たりするが、しかし「見ること」は同一にとどまっている。つまり見ることは「普遍的なもの」であって、確信が思いこんでいたような個別的なものではないのである「「私は……を見ている」と言葉を発した瞬間、そこにはすでに知的な一般的な把握が入り込んでいる。「見ること」は「聞くこと」とはちがう、とか、見ている者は「私」であって「あなた」や「彼」ではない、ということも了解されている。確信は自分の感覚の独自な個別性を信じようとするが、すでにそこには一般的な把握が孕《はら》まれているのである」。

自我と対象との直接関係に閉じこもる

では確信はどうすればよいか。つぎなる戦略は、自分と対象との直接無媒介な関係のなかに閉じこもる、というものだ。言葉を用いることも、過去の「いま」と現在の「いま」を比較することもせず、無媒介な感覚の確実性にひたっていようとする。

この確信は対話の場に出てこないので、「われわれ」(哲学的観望者)のほうでこの確信の立場になり代わってみることにする。確信は言葉を用いたり比較したりしないのだから、われわれは真理であるはずの「個別的ないま」を「指示」してみることにする。

するとつぎのようなことが起こる。まず「いま」を指示して「この『いま』」は存在する、これこそ真なるものである」とする。しかしすぐさまそれは「存在した」ものになってしまっている。個別的な「いま」を指示しようと試みるならば、「いま」が無媒介な固定的なものではないことが顕わになる。このようにして、「いま」は、**『他的存在のうちに**

おいても（「いま」でなくなりつつも）**己れたることにとどまるところの単一なもの』**（86, 68）なのであり、やはり「普遍的なもの」なのである。

Ⅱ　知覚、あるいは物と錯覚

知覚とは

感覚的確信はそのつどの感覚の個別性や独自性に固執していたが、つぎの意識形態である「知覚」はこれまでの経験によって「普遍性（一般性）」や「他物との連関」という視点を獲得している。だから知覚は、対象を「これ」ではなく、さまざまな一般的な諸性質を備えた「物 das Ding」として見ることになる。たとえば、塩の結晶は「白く」「辛く」「立方体である」というような、諸性質の集合として考察されることになる。

〔⇓〕でも、「白」というのは感覚ではないだろうか？　たしかに白はある感覚的な

「質」を表す言葉だが、しかし、目の前のこの白さを「白い!」と発語した瞬間、それはまったくの個別的な質ではなく、他のさまざまな物(たとえば砂糖)にも共通する普遍的なものとしてつかまれていることになる。さらにそこには、赤く「ない」、黒く「ない」といった他の色に対する否定もまた、おのずとふくまれてくるだろう。その意味で、「白」は感覚的なものでありながら、そこに「他物との関連」「普遍性」といった「思考」が加わったものなのである。

しかし、性質に思考が含まれていることは「われわれ」が気づいているだけであって、知覚自身はそうしたことに気づいていない。知覚はごく素朴に、対象をそのまま受け取ればそこに諸性質が見出される、と思っており、その点ではきわめて「常識」的な立場なのだ。しかし知覚が、物の真理(物とは真実には何なのか)を求めていくと、思いがけない矛盾に出会ってしまう。

物とは何か——「諸性質の媒体」か「排斥的一者か」

先ほど言ったように、食塩の結晶は「白い」「辛い」「立方体である」といった諸性質をもっている。

そのとき、この「物」は、もろもろの諸性質を平和に共存させる場、として見られることになるだろう。すなわち、物の真理は、諸性質をそのうちに平和共存させる「普遍的な媒体 das allgemeine Medium」だということになる。それは「もまた auch（英 also）」という接続詞でもって表現される。塩は、白く「もまた」あり、辛く「もまた」あり、立方体で「もまた」ある、というわけである。

こうして物は、諸性質の集合として定義された。しかしそのとき、物の唯一性は保たれないのではないか。物はさまざまな諸性質へと解体されてしまうのではないか。そう考えたとき、今度は「物はそれ自体としては『一つ』だ」という見方が生まれてくる。

物は意識に対して多数の諸性質として現われるとしても、物の〝真理〟は、それとはちがう。物の真理は、諸性質を排斥してみずからが一つであることを主張する「排斥する統一 ausschließende Einheit」なのだ、ということになる。

［⇒］ここで、物の「意識にとっての現われ」と、「物それ自体」とを区別する発想が生まれている。これは、デカルトが物の諸性質に関して、臭いや色を身体（感官）にとっての現われとし、重さや形を物それ自体に属する性質としたことや、ロックが物の第一次性質と第二次性質を分けたこと、カントが物の現われと「物自体」とを区別したことに対応する。

こうして物の真理について二つの発想が対立する。〈物の真理は、一般的な諸性質の媒体＝「多数」なのか。それとも「一つ」なのか。どちらが本当なのか？〉。意識はこの問題に直面し、あれこれと解決策を練ることになる。

知覚の経験

知覚はまず、物は真実には「一つ」である、と考える。塩は私が見るから白く、舌で味わうから辛く、触るから立方体なのだ。つまり、多数の諸性質はあくまで「主観にとって」そう現われるだけだ。客観それ自体は、あくまで「一つ」であろう。こうして意識は、「一つ」を客観の側に、「多数」を自分の側にふりあてる。

こうして、物の側には「一つ」という規定しか残らないことになった。しかし、新たな疑問が起きてくる。どの物もほんらい「一つ」であって性質をもたないとするなら、物の相互の区別がまったく成り立たなくなる。塩は、白く・辛く・立方体であるからこそ、塩といえるのだ。諸性質こそが物を定義する。こうなると、物自体に諸性質が備わっていると考えざるをえなくなる。

そこで、逆転が起こる。物の側に「多数」の諸性質がある。それが「一つ」であるのは、意識の側がそれらをまとめて「一つ」にしているのだ、と。

意識はこのように、さまざまに試みる。そうするうちに、次第に意識はこう考えるようになる。

〈自分はさっきは「一」を物にふりあて、「多」を自分にふりあてていた。今度は「多」を物にふりあてて、「一」を自分にふりあてている。これはかなり無理なことをやっているんじゃないか。物そのものに「一」と「多」が同時に備わっていると考えるしかないんじゃないか〉と。

物の本質は、一でも多でもない。一つであるものが多数の性質としてみずからを現わしだし(したがって他の諸物とも連関し)、しかもそれらの性質を一つである自分のなかに取り収める。一から多への発現と、一への収束。自分だけである状態(対自存在)から他との連関に身をおき(対他存在となり)、ふたたび自分のなかに戻る。物がそういう特異な存在の仕方をしていることを、意識は認めざるをえなくなるのである。

『**対象はまったく同一の観点において自分自身の反対なのであって、対他的に存在するかぎりにおいて対自的に存在し、対自的に存在するかぎりにおいて対他的に存在するのである**』(99,79)。

[⇒] この結論はかなり異常なものにみえるかもしれない。物がそのようなあり方をしている、というのはどういうことなのだろうか。同時に一でありかつ多である、というのは、物に備わったものではなく、意識の観点の移り変わり、つまり意識の運動

なのではないだろうか。――その通り。物を一つと見たり、他の物との共通性や差異性である諸性質の集まりとして見たりする、という意識の運動なしに、「一であり多である」という物のあり方もない。つまり、物の運動と意識の運動とは「同じ一つの」ものなのである。ヘーゲルも本文のなかでそのことをはっきりと認めている。

「無制約な普遍性」へ

さて、知覚は、一つという規定と、多という規定をそれぞれ独立したものと考えていた。「対自存在」（自分であること）と「対他存在」（他との連関）という二つの規定も、相容れない排他的なものと考えていた。ところが意識は経験をつむことによって、一と多、自と他が不可分に連関していることを知った。

こうして物の真理は対自存在と対他存在とが不可分に統一されたもの、ということになる。これはすでに「物」とは言えないものであるから、「無制約な絶対的普遍性」と呼ぶのがふさわしい（「無制約 unbedingt というドイツ語は「物 Ding でない」というニュアンスをふくんでいる。実際には、力や法則のこと）。

Ⅲ　力と悟性、現象と超感覚的世界

力と悟性

一と多、自と他という物の存在の二重性は、意識の運動から現われてきたものだった。このことを意識経験を観察する「われわれ」ははっきり自覚しているが、しかし、意識がそう自覚しているわけではない。意識は自分自身のあり方を洞察しないで、あくまで対象の側に真理があると思い、それを追い求めるのである。だから、意識は、こうした二重の性格を備える新たな対象を、物の真理として求めることになる。

この新しい対象は、さしあたり「力 Kraft」と呼ばれる。電気や重力のような力は、さまざまな現象や諸性質を生みだしつつ、それ自身としては一つであるようなものだからだ。

この新しい対象と対応する新たな意識形態は「悟性(知性)」と呼ばれる。これは純粋な「思想」を対象とするような意識である。知覚の段階では、「性質」に見られたように、感覚的なものと思考とが入り交じっていた。それに対して、力は「超感覚的なもの」であり「純粋な思想」なのである。力も最初はどこか感覚的に捉えられているが、次第にそれが思想(思考の産物)であることを、悟性自身も自覚していくことになる。

力とは思考のプロセス

私たちはふつう、「力」と言うときに、それを何かエネルギーの塊のような実体としてイメージする。その実体としての力が外に現われ出てさまざまな結果を引き起こす、というふうに。そのとき私たちは、内側に存在していた「本来の力」と、外に現われ出た「力の発現」とを区別したうえで、前者こそ力の本質だとみなしていることになる。

しかし、内的な力は外に現われ出る(発現する)ことがなければ、力とは言えないだろう。力が力たりうるためには、発現することが必要なのだ。だとすれば、内的な力は独立した存在をもちえない。そして他方の「力の発現」も独立した存在をもちえない。さまざまな諸現象は、それが「力が発現したもの」とみなされる以上、独立したものではありえないからだ。

ようするに、力とは、物のような固定的な実体ではなく、内↓外↓内という運動であり、「内的な力」と「発現した力」の両面をあわせもつ全体なのだ、と言わざるをえない。

〔⇓〕私たちはふつう、電気や重力のような力は、思考とは関わりなく客観的に存在するものだと思っている。しかしヘーゲルが主張しているのは、力の運動とはほんらい私たちの思考のプロセスにほかならないということだ。私たちは、さまざまな諸現象に対してたとえば「電気という力」がそれを引き起こしていると考え、そして、電気という力のほうから諸現象を説明しようとする。つまり、内↓外↓内、という力の運動の内実は、多様な現象の背後にその原因を求めようとする思考のプロセスにほかならない。しかしそのことを私たちは気づかないまま「客観世界の本質は力にあり」と考えるのである。

現象と内なるもの

このように、力は「われわれ」から見ると思想なのだが、意識はそれをまだどこか感覚的な実質を伴うものとイメージしていた。しかし、意識は「内的な力」と「力の発現」の二項目が独立した実体ではないことを知ると、つぎに、感覚的な世界を「現象」とみなし、その背後に存在するだろう「内なるもの」を求める意識へと移行する。ここで意識は、感覚的なものからまったく解放された純粋な思想を対象とすることになる。

さて、内なるものとは、超感覚的な世界であり彼岸だが、これの内容は最初はまったくの「空虚」である。なぜなら、それは現象（感覚的な世界）ではないもの、という規定しかもたないからだ。彼岸の内容を満たすものがあるとすれば、それを感覚的な世界から汲み上げるしかない〔たとえば天国も極楽も感覚的なイメージで彩られている〕。悟性は、彼岸のほうを「本質」と考えて感性的な世界をその「現象」とみなすが、「われわれ」からみると、むしろ現象のほうがもとになっている。われわれは感覚的な現象を説明するために本質（彼岸）をつくりあげるのである。

法則と力

つぎに、宗教ではなく自然科学における「内なるもの」を考えてみると、それは「法則」である。悟性は、たえず変化するさまざまな現象から、静止した安定したものを取りだす。「不安定な現象の安定した像」、それが法則である。変転する現象としての世界に対して、静かな法則の世界が成立してくる。

ところが、一つの法則では現象の全体を説明することはできないから、いくつかの法則がつくられるしかない。しかし悟性はそれに満足せず、いくつかの法則を統一した「一つの法則」を求めようとする。つまり、なるべく一般的な説明方式を求めて悟性は進む（たとえば、物体落下の法則（ガリレオ）と天体運動の法則（ケプラー）が、万有引力の法則（ニュートン）に統一されていったように。現在でも、物理学は「大統一理論」をめざしている」。

このように悟性は、より一般的な法則を手に入れようとして努力するが、しかし悟性はそれだけでは満足できなくなる。――たとえば、物体落下の法則は、$S=\frac{1}{2}gt^2$（S：落下する距離、t：落下する時間、g：重力加速度）とされる。そこには時間と空間（距離）の二項目があって、特定の仕方で関係づけられている。でもなぜ、時間と空間はほかならぬそういう仕方で関係づけられるのだろうか？　つまり、法則はなぜそのような法則になっているのか（法則の根拠）を悟性は考えざるをえない。

同語反復としての「説明」

そこで悟性は、ふたたび「力」をもちだす。しかし以前の力とはちがって、こんどは法則の根拠として考えられたものだ。そして悟性は言う、「万有引力の法則がかくかくしかじかであるのはなぜか。もともと引力がそういう成り立ちをしているからだ」と。しかし、これは明らかに同語反復（トートロジー）にすぎない。このような、説明にならない説明を、悟性は平気でおこなっているのである。

［⇓］将来、万有引力の法則を説明しうる、より根本的な力や法則が発見される可能性はある。しかしこの法則についても、ではなぜそれはこうなっているのか、と問うことができる。だから最終的には、「この力はもともとこういうふうにできている」というような同語反復的説明を持ちだすしかない。完全な説明、ということはありえないのである。

しかしながら、この「説明」の指摘には決定的な意味がある。力の運動も、現象と内なるものも、区別項をもつ法則とその根拠としての力も、一切が意識の運動であり思考過程である、ということが明らかになるからだ。これらはすべて、さまざまな区別（多）を見出したのちに、それらを統一的なもの（一）へと還元し、そこから区別（多）を説明する、という意識のなす運動なのである。

このことを、「われわれ」は洞察している。悟性は、対象というかたちで自分自身の思考の運動を見ていた。つまり、意識はほんらい、自己を意識する「自己意識」だったのだ。しかし、悟性はあくまで対象と自分とを分離して考えるため、そのことに気づくことができないのである。

〔☆⇓章末解説〕

私たちは、（対象）意識の最後に到達した。つぎに自己意識の章へと移行するにあたって、ヘーゲルは「無限性」という概念をとりあげている。これは、ヘーゲル哲学のかなめともいうべき概念なので、詳しく解説しておこう。

「無限性」とは、さしあたって、区別↓統一↓区別↓統一……という意識のあり方を指す。無限といっても、限りなく広がる、ということではなく、有限なものではないということ。意識は、さまざまな有限なものへと自分を区別し、すぐさま自分へと戻る。つまり、有限なものに関わってはいても、それから自由に自己同一性を保つ存在なのだ。

無限性には、いろいろな表現がある。「統一と区別との統一」「同一性と非同一性の同一性」「他と関わりつつ自己同一であること」等々。力点によって、言い方がかわる。

一つの力点は、「一と多」にある。意識は一であり、かつ多である。だから、「意識は統一と区別との統一」である。

もう一つの力点は、「自己と他者」にある。意識は、内面にひきこもって自分である（同一性）が、外に出てさまざまな他者に関わって自己同一性を失う（非同一性）。しかし、それでも自己同一を保っている。だから、意識は「同一性と非同一性の同一性」である。「他と関わりつつ自己同一である」も同じことである。

この無限性の概念は、もともとは、意識ないし自我のあり方を指すものというよりも、ヘーゲルが若いころ抱いていた「生命」の概念から得られたものだ。私たち個々の人間も、さまざまな生物も、巨大な普遍的な生命から分かれたものだ、と若きヘーゲルは考えていた。すべては根源的には一体である、というロマン主義的なイメージである。そしてこう言っていた。〈普遍的な生命と個体との関係は、神秘であって語りえない。もしそれを言葉にするならば、結合と非結合との結合としか言いえない〉と（『一八〇〇年体系断片』）。普遍的な生命と個体とは結合しているが、分離してもいる。結合と分離が一つになっているとでも言うしかない、という意味である。若きヘーゲルがこの時点では「語りえない」としていたものを、哲学者ヘーゲルは、無限性という論理的な概念として語りうるものにしたのである。

つまり無限性とは、意識ないし自我の存在の仕方でもあるし、普遍的な根源実在（生命、後に精神と呼ばれる）の存在性格でもある。普遍的な生命は、自分をさまざまな生命体へと区分しつつ、しかも普遍的なものとしてとどまってもいる。そういうあり方が無限性なのである。

※

自己意識への移行についても、この無限性という概念を用いて詳しく解説しておこう。

静かな法則の国と変転する現象世界とが区別されるとき、自己同一性と変化とは、別々の世界にふりあてられていた。しかし、この対立はくずれ去って、世界全体が「無限性」として捉えられる。つまり、世界はさまざまに変化しつつ自己同一を保つ存在、として捉えられることになる（これはつぎの自己意識の章で、自然全体でもある巨大な「生命」として登場する）。

このとき、意識のあり方としての無限性が、対象世界のあり方の無限性と一致する。そして意識と対象との関係も、一つであるものが二つになりまた一つに戻るという無限性であることがあきらかになる。

第二章　自己意識

竹田青嗣

〔☆⇓〕「意識」は経験を積むことで、はじめに現われていた「対象自体」とそれについての「自分の意識」、つまり「真」と「知」という対立が、じつは錯覚であったことに気づくことになる。

あらゆる対象が、そして「世界」のすべてが、じつは〝自分にとって〟存在しているものだ、という感度が現われてくると、そこで人間は、もはや単なる「意識」ではなく「自己意識」として生きているのだ。

「自己意識」は人間に固有な意識であり、ヘーゲルは人間が世界を経験しつつ、どのような自己と世界との関係意識を形成し展開してゆくかを、独自の範型論として示している。その進み行きは、「自我と欲望」→「主奴論」→「自己意識の自由」とたどる。

注意すべきは、ヘーゲルがここで、人間の欲望は「自己価値」への欲望であり、これが人間の「自由」への欲望の原型である、という大胆な原理的仮説から出発している点だ。

Ⅳ　自分自身だという確信の真理

生命、自己意識、類

私は「自己意識」として世界に向きあっている。このことの意味は何だろうか。

さしあたりは、どんな外的対象も「私にとっての何か」(対象)であるということだ。しかしこの意味は、「私」とは単なる「意識」、つまり「対象についての単なる知」ではなく、すでにつねに、何らかの関心や欲望をもって対象に対している存在だということである。

つまり、このときどんな対象も、私の「関心」や「欲望」にとってのある意味や価値をもった存在である。こうして「自己意識」として生きるとは、つねに何らかの「欲望」として外的世界に向かっているということなのだ。

生き物が「欲望」として存在していることは、またつぎのような内実をもつ。まず、つねに他を「否定」し、それを自己へ同一化しながら自己の「同一性」を保っていること。つまり、他の「生命」を食べて自分のうちに取り込むことで、自己の存立を維持している存在。動物とはまさしくそのような欲望存在としての「生命」なのだ。

さて、「生命」の本質を「無限性」と呼んでみよう。というのは、ここではいわば「区別」と「統一」の無限の運動が存在しているからだ。

たとえば、一つの個体は、自分のうちに、さまざまな有機体の組織（区別）をもち、それが生みだす複雑な連繫の働きによって、つねに一つの生命としての自己の「統一」を保っている。個体としての「生命」だけではない。種や類としての「生命」も、さまざまな「区別」をもちながら、「種」や「類」としての自己の統一を保っている。

そんな具合に考えると、「生命」とは、さまざまな仕方でたえず複雑な「区分」を生みだしつつ、自分を再編成しながら大きな「生命」の総体を統一的に保っている、という意味で、区別と統一の無限の運動性を本質としてもつ存在だと言える。

また、さまざまな生命のうち、人間だけが「自己意識」をもつが、これは、人間だけが自己が「類」のうちにあることを自覚している生命だ、ということでもある。

自我と欲望

動物は「意識」をもっている。しかし動物の「意識」とは、すなわち、ただ他の生命を食べて(否定して)自己を維持しようとする「欲望」である。また無意識ではあれ自己の種を維持しようとする「欲望」でもある。

だが人間は、自分がどのような欲望であるかを自覚し、対象化している存在である。だからこそ人間の「意識」は「自己意識」なのだ。

人間は、自分が生き物の類の一つにすぎないことを知っている。しかし、人間が「自己意識」であるとは、それにもかかわらず、自分が独自の存在であること、つまり自己の絶対的な「個体性」を意識している存在だということだ。

「私」は生命であり、生き物でもあるが、しかし最終的には、「ほかの何ものでもないこの私である」。この、「私は私だ」という意識こそ「自己意識」の本質なのだ。

さて、「自己意識」は、「他の否定」を通して自己の絶対的な「個別性」を確保しようとする独自の欲望である。つまり、「自己意識」の欲望は、「自己の自立性の確証」をその本質とする「これは「個別性の確証」でもあるが、のちに「自己意識の自由」と呼ばれる」。なるほど、動物の「自我」も自己維持に向かっている。たとえば猛獣は、自己を維持するために世界のなかで他の生命を蕩尽《とうじん》しようとする「欲望」そのものだ。しかし人間の「自我」の欲望の本性はこれとは決定的に違いがある。

人間は「自己の自立性の確証」（私は私だ）を求める。これは、ある意味で「他者の否定」をふくむが、他者の直接的な否定（殺したり、食べたりすること）ではない。むしろ他者が身を低くし（自己を否定して）「私」の優位を承認することを求めるのだ。そしてこれが「自己確証」の欲望の最終目的である。

もう一度整理すると、「自己意識」の本質はつぎの三つの契機に分けられる。

①はじめの直接的な「我」〔単なる意識―幼児的我〕。

②他を否定して自己を維持する「欲望」としての自我〔動物的自我あるいは子供的自我〕。

③自分が「自我」として、他者たちとの関係のうちにあることを対象化している「自己意識」〔人間の、あるいは大人の自己意識〕。

③がふつうの人間的な自我の意識だが、ここでは「私」は、他者もまた「私」と同じく他を対象化し否定しようとする「自己意識」であることを知っている。「精神」という概念は、この場面で現われる。人間の自己意識にとって、他者とは、外的に存在する一つの「精神」のことだ。

こうして、人間の「自己意識」は、自分というものをまず「他者関係」のなかで見出す。

この関係のうちでは、どんな「欲望」であれ、自分の欲望を実現するためには、他者に自己の存在と欲望を承認してもらうほかはない。しかし他者もまた同じく欲望をもっている。そこで、人間関係にまず生じるのは、「自己承認」をめぐる「自己意識」どうしの相克である。

［⇓］人間は共同生活のうちで生きているので、じつはどんな欲望も他者に承認されないかぎり、それを満たすことができない。幼児は泣いて親に欲望を認めさせようとする。子供どうしも、体力やその他のアイテムによって、互いに、自分の思いを通したり通されたり、一目おかれたり、無視されたり、いじめられたりといった関係を作ってゆく。

動物では、この「自由」の相克は直接的な戦いで決着する。つまり、自然世界では、ただ体力の強さに応じて、強者と弱者との秩序が自然に成立する。しかし、人間世界では秩序の形成はもっと複雑になる。それは、互いに自己の「自由」(自立性)を相手に承認させようとするせめぎあいとなる。これが「承認をめぐる生命を賭した戦い」である。

A　自己意識の自立性と非自立性、主と奴

承認のせめぎあい

自己意識がもうひとつの「自己意識」である他者と向きあうとき、どのような関係が生じるだろうか。

ひとことで言えば、互いの「意識」が相互に相手を〝対象化〟しあい、かつまた相手が自分を対象化していることを互いに意識しあうことから現われるような、「相互対象化－相互規定的」な関係である。そして、その中心にあるのは、あくまでまず「自己」（の存在と欲望）を相手に「承認」させようとする自我のありようだ。

人間は、たとえば、単なる「物」に向きあっているときは、つねに絶対的に〝主体〟でいられる。しかし、相手が自分と同じ自己意識の場合には、関係は相互的であるから、自己の絶対的〝主体性〟は持続できない。一つの「行為」さえ自分の独立した行為ではありえず、つねに同時に、他者にとっても何らかの意味をもつ行為となる。

だから「自己意識」は、他者関係のなかでは、自分が相手から対象化されていること、またつねに相手が気になることで、言うなればつねに一種の「自己喪失」の状態（絶対的な自己であることができない）にある。そこで、自己意識が本気で「自己自身」たろうとすれば、「相手の存在を否定することで自己の自立性・主体性を守る」という態度をとることになる。

この、人間における相互規定的な他者関係という独自の関係のなかでは、意識の主体と客体のありようがつねに入れ替わるような運動が生じる。ただし、そこでは、あくまで一つの「自己意識」が運動の中心点だが、ここでは、楕円のように二つの「自己意識」という焦点が存在し、ちょうど二つの鏡が互いを映しあうような複雑な運動が現われる。

ともあれ、この複雑な運動の中心の動因は、つねに「自己自身」の確証を求める自己意識の欲望なのだ。

自己意識どうしのこの相互規定的な「承認」の運動は、見たように「承認」をめぐる相互の相克という場面からはじまるが、理念的には、両者が「相互に承認をもとめあう存在であることを、互いに承認しあう」という地平にまで進まねばならない。この地平はいわば「承認の純粋概念」である〔対立を克服した「自由の相互承認」の理念〕。

自己意識がたどるこの「承認」の経験のプロセスの全体を詳しく吟味しなくてはならな

いが、まずその出発点、つまり、両者が一方的に相手から承認を勝ち取ろうとする〝相互的な承認の戦い〟の場面から、考察をはじめることにしよう。

生死を賭した承認の戦い

自己意識とは、純粋な「エゴ」、自分が世界の主人公たろうとするような存在だ。だからそこにもう一人の自己意識、他者が現われると、それは基本的に自分にとって否定的な存在となる（親子の場合も、対等な承認関係ではない）。

だが、この事情はお互い様で、相手もそう感じている。もともと親和性をもっていないような他者どうしの関係では、双方が、自己存在の自立性を脅かす危険な存在なのだ。

他者がいる場面では、自己意識は、自分こそ世界の「主人公」であるという意識を保てない。そこで、自己の「主人公性」、つまり絶対的独自性を保とうとすれば、自己こそ世界の中心であることを、自分だけでなく他者にもまた認めさせることが必要となる。

この試みは、これを極端にまで追いつめるなら、他者との命を賭けた戦いへの意志として現われる。なぜなら、自分の絶対的独自性と自立性を〝証そう〟とすれば、自分の自由への意志が、何ものにも、自分の生命にさえも縛られていないことを示すことが必要となるからだ。

『おしなべて定在がもつ個別態に少しも繋縛《けいばく》されていないのを、生命に執着していないのを示すことである。（中略）**そうして自由の証しの立てられるのは、ただ己れの生命を賭することにのみよって』**である（*144, 111*）。

こうして逆に、そのような場面で生命を賭さなかった人間、戦いに尻込みした人間は、死への恐れによって自分の「自由」をあきらめた人間とみなされる。

さて、このような命を賭してまで自己の自由を証そうとする意志は、他者を自己にとっての絶対的な否定性として完全に抹殺しようとする行為、すなわち他者の死をめざす行為となる。

ところが、もし実際に戦いの結果他者を殺してしまえば、はじめに意図されていた自己の自由の承認という欲望は、達せられない。死を賭して戦いあうことは、双方が自己の絶対的「自由」を守ろうとする意思の証しではあるが、相手が死んでしまえば、勝利者の「自由」を〝承認〟する他者はいなくなるからだ。

この死を賭した戦いの経験を通して、自己意識は、「純粋な自己意識」だけでなく「生命」もまた、自分の存在にとって本質な要素なのだということを学ぶことになる。死の恐れという痛切な経験が「生命」の不可欠性を人間に教えるのだ。しかし、はじめの段階では、「自己意識」はまだこのことについて明確な自覚をもてない。

ともあれ、純粋な「自己意識」と「生命」という人間存在の二つの本質契機は、ここでは、絶対的な自己の自立性の意識に生きる「主《しゅ》 Herr」と、自由を奪われながらも「生命」を守ろうとする「奴《ど》 Knecht」の意識という、両極のかたちをとって現われるのだ。

主と奴

承認をめぐる死を賭した戦いの結果、人間は主と奴に分かれる。両者の関係はつぎのようだ。

まず戦いに勝利した主は、奴に対して絶対的な「自立存在」を保つ。つまり奴に対して絶対的な威力、「死によって脅かす威力」を振るい、このことで奴は主のために労働することを余儀なくされる。これが主の奴に対する関係の第一面だ。

だが、もう一面では、主は「死の威力」によって奴を働かせることで、事物を消費し享受するのだが、これはじつはあくまで奴の労働に依存している。この意味では、主における「物」の支配は、じつは非自立的と言える側面をもっている。

奴のほうはどうだろうか。奴は物に対して自分の労働を加え(=物に対する「否定力」をもつ)、有用な財を作りだす。ただその成果は、自分のものとはならず主のものとなる。

主と奴はこういう関係だから、そこでは主の自由の一方的承認だけが成立しているように見える。奴のほうでも、みずから、自分の非自立性と主への服従とを認めているからだ。しかし、じつはこの関係において、潜在的には、かえって主のほうが非自立的であり、労働によって物（自然）に働きかける力を育てる奴のほうに、本来の自立性の契機が存在していることが、やがて明らかになる。

主は、生命を賭けても、ひたすら他に対する自己意識の優位を主張して自立的たろうとした。これに対して、奴は、「死の畏怖」によって自由を放棄し、そのことで主の威力に服したのだが、じつはこのことのうちに、むしろ「自己意識の純粋な自立性」の自覚、言いかえれば、実存の自覚の契機があるのだ。

「死の畏怖」の経験は、恐ろしい死の可能性を間近で実感することであり、人が経験するさまざまな日常的な不安の感情を超えて、自己存在の根本的な不安に、魂の底まで震撼させられるという経験である。この恐るべき死の畏怖の経験によって、奴は、いわば自己の実存の取替え不可能な絶対性に触れるのである。

もう一つ重要な点がある。それは「労働」という契機だ。この経験によって奴は、そのつどの欲望を先へ延ばして耐えることを学ぶ。この契機は、主体の本来の自立性にとってもう一つの不可欠な本質契機なのだ。

「労働」は人間の真の「自由」（自立性）にとって本質的な契機である。主奴関係では、主こそ「物」に対して「自由」(支配権)をもつように見えている。だが、主の、物の消費と享受への「自由」は、じつは奴の労働に依存しているにすぎない。

これに対して、奴は自然(物)に労働を加えてこれを有用な財に形成し、生産する。この行為はまた、自分の欲望を抑制し、代わりに技能を鍛えることで可能となる。またそれは、人の生産と能力の持続的向上につながるものだ。

この労働の能力こそ人間の自然に対する支配の本質力であり、奴は労働を通して力を身につけ、そして自分がこの本質力をもつことを直観してゆくのだ。

こうして奴は、主への隷属という経験を通して、つまり「死の威力」と「労働」と「奉仕」の経験を通して、はじめて自己の「自由」の本質的可能性を自覚するにいたる。ただしそのためには、この契機は〝普遍的な仕方で〟経験されなければならない。言いかえれば、一定の時代や民族的な経験として蓄積され、人間の歴史的経験として自覚されてゆくのでなければならない。

〔⇓〕奴は労働と奉仕の経験によって「自由」の真の契機をつかむ、という説は、一見弱者のロマンのようにも見える。しかし、人間精神の形成過程を考えればきわめて本質をついた説であることが分かる。

もし人間が、どんな要求もすぐ承認され満たされるような仕方で育つとどうなるだろうか。この人間は、まず欲望に耐えることを知らず、努力して周りに働きかける能力を育むことができない。

また、権力（あるいは親のスポイル）によって自分の「自由」を思うままに得ている人間は、欲望しさえすればすべてが満たされるはず、と考える人間になる。この人間には、自分の欲望の意味を対象化し、他者関係のなかでこれを調整し、工夫や努力を重ねて目標に到達するという悦び、つまり真の「自由」の悦びは現われることがない。

B　自己意識の自由

ストア主義

主奴関係においては、むしろ奴に本来の「自由」の契機があることを見てきた。まず言えるのは、服従する奴のほうに、新しい意識の段階である、「思惟する無限性の意識」というものが現われてくるということだ。

なぜ奴に思惟する「無限性」の意識、つまり「内的な自由」の意識が生じるのか。

第一に、奴は、主とちがって、自分を絶対の「自己意識」としてではなく、「対象化された存在」でもあるという二重性において見ている。つまり自分の存在を「客観化」している。

第二に、奴は、労働を通して事物に働きかけるから、自己と外的対象（自然や事物）との関係自身を、やはり「客観化」して見ている。別の言い方をすると、世界をただ想像的に表象（イメージ）しているのではなく、その「概念」において、つまり本質関係において理解している。

［⇒］ヘーゲルでは、対象を、「表象」としてではなく「概念」において理解する、という言い方がよくなされる。たとえば、宗教的な信仰は、絶対神が彼岸に存在するという「表象」をもつが、哲学はこれを、「絶対的なもの」に対する人間の欲望が「彼岸の絶対存在」という「表象」を作りだしたのだ、という仕方で「概念」において理解する。つまりより本質的な仕方で理解する、と言われる。

さて、とはいっても、この段階での「自由な無限性の意識」は、まだ素朴な段階の「自由」の意識にすぎない。歴史的には、このような「内的な無限性の意識」は、「ストア主義」の思想［ギリシャ、ローマの哲学学派。いわゆる禁欲主義。キプロスのゼノンが創始］として現われた。

ストア哲学の原理は、事物は意識の観想にとってのみ真実である、という点にある。つまり、世俗のさまざまな欲望のせめぎあいから逃れて、内心の平安（内的自由）に安らうことにこそ最高の幸福がある、と説く。

この態度を、「主と奴」の段階として考えることもできる。主も奴も、自分を捉えている現実性をまだ直視していない。主は、自分の自由が奴の労働に支えられていることを直視していないし、奴は、隷属の現実から目をそらして、ただ思惟の「内的自由」にこそ自分の存在の本来性があると考えている。

つまり、どんな個別的な状況にあっても、**『没生命の態度を持して、たえず定在の運動から、能動からも受動からも思想の単純な本質性へと退いて行くこと』**（*153, 118*）が、ストア主義の「真実」なのだ。

〔⇩〕ヘーゲルの「自己意識の自由」の叙述は、一方で歴史的な「経験」のプロセスとして、もう一方で、人間（若者）の成育の「経験」のプロセスとして読むと分かりやすい。ヘーゲルは、ストア主義は、ローマ帝国の絶対的な政治的主奴関係から現われた「内的自由」の思想とみなしている。

しかしもう一方で、子供がまだ親の支配下にありながら自己意識に目覚め、「内心」では親や周りの世界に批判の目をむけることで、「内的自由」の感度をつかみはじめるその経験の段階と捉えることができる。自由が「無限性」の意識だといわれるのは、さしあたりは、思惟の自由な能力によって、内的には、自分と世界をどこまでも無限に対象化できるということ。

スケプシス主義

ストア主義が現実に対する〝内面的〟で消極的な否定だとすると、スケプシス主義（懐疑主義）は、現実に対して自覚的、積極的な否定の態度をとる。

あえてストア主義とスケプシス主義を主と奴に振りあててみると、ストア主義は、現実に直面せず、自己を絶対的に自足したものと考える点で、むしろ「主」に近く、スケプシス主義は、現実的な服従にもかかわらず、内心の反抗の自由を確保する試みという点で「奴」に当てはまる。

ただ、奴はこの〝否定〟を現実にはまったく行使できないが、スケプチストは「思惟の無限性」、つまり思惟の運動の論理的「否定性」の本質を自覚しており、これを自家薬籠《じかやくろう》中《ちゅう》のものとして、思うままに外的な現実性を〝批判〟したり〝否定〟したりする。

つまり、スケプチストは、どんな権威や制度も、論理的にはその根拠が相対化されることを熟知しており、ここにスケプチストは自分の優位を見ている。スケプチストの論理的優位の内実をさらにいえば、以下のようになる。

そもそも人間の意識と認識の働きは、緒論で述べたように、「真」かと思えば「知」にすぎなかったという弁証法的な「否定性」の運動として展開してゆく。スケプチストは、この認識の弁証法的運動の本性をつかんでおり、それによってあらゆる既成の権威、制度、観念を批判できる力を身につけている。

ところで、本来の認識の弁証法的な「否定」の運動は、現実のほうから、「じつはそうではなかった」という否定性がいやおうなしにわれわれに現われてくる、というかたちで生じる。しかしスケプシス主義は、この否定性の運動の契機を先取りし、この論理的否定性を自分のほうからあらゆることがらに投げかける。

つまり、「こう見えていても、じつはああも考えられる」というわけだ。このことでスケプシス主義は、一切のことがらの確実性を相対化し、その現実性に異議を唱えることができるのだ。

要するに、彼らはソフィストのように〝詭弁論〟の巧みな使い手となる。現実の認識の否定の弁証法は、必然的で動かしがたいものなのに、スケプチストはこの論理の否定性を恣意的に〝作りだす〟のだ。そしてそのことであらゆる事態を高みから見下ろし、それを可能にする自己意識の「思考の無限な自由」こそを、みずからの「絶対的真理」としてつかもうとする。

だが、スケプシス主義にも大きな弱点がある。彼らは一切を相対化する思考の自由な否定力をよく自覚しているがゆえに、この否定力が自分自身の考えにもおよぶことを、暗黙のうちに知っている。

スケプシス主義は、いわば「絶対的に確実なものはどこにも存在しない」と断言し、これこそ至上の真実だということを他者に承認させようとする。しかし、この「あらゆるものは不確実である」という断言自体によって、自らの主張の根拠も相対化されることに、自分もまた気づかざるをえないのである。

こうして、スケプシス主義は、思考の自由な否定力こそ絶対的なものだと主張するが、同時に、みずからの主張にふくまれる矛盾にも気づくことになる。だから、あるときにはこう言い、あるときにはああ言うといった具合に、「相互の矛盾のうちにとどまる喜び」をもてあそぶ、ひねくれた子供のような存在となるほかはないのだ。

さて、こういった意識の絶対性と相対性のあいだの矛盾の経験から、ストア主義とスケプシス主義という二つの意識を綜合しようとする、新しい自己意識のタイプが現われてくる。これをわれわれは、「不幸の意識」と呼ぼう。

不幸の意識

「不幸の意識」はストア主義やスケプシス主義とはちがって、内的あるいは論理的な「否定性」に依拠して自分の立場を承認させようとするのではなく、いわばなんらかの「自己理想」を見出し（宗教、変革思想など）、そこに「絶対的なもの」を想定して強くこれを求める、という意識経験の類型である。

しかし絶対的な「理想」というものは自己の不完全性を強く意識させる。そのため、自己意識は、「理想」と自己の「未熟さ」や「現実」の貧しさのあいだで引き裂かれて悩む。この〝引き裂かれ〟の意識が「不幸の意識」である。

たとえば、青年の自己意識の「理想」を「キリスト教」だと考えてみる。ここで彼（ということにする）は、「キリスト」という人間に、ある「不変」なもの（絶対的なもの）の〝体現〟を見ている。そして自分をふくめ一切の存在が、この「絶対者」に根拠をおっていると考える。

この場合、絶対者としての神と、個別存在としての人間の関係は、三つの契機をもつ。

①「神」は、「人間」に対して絶対的な支配性をもつ〔絶対者への一方的な畏怖と崇拝〕。

②絶対者が、キリストという個人の姿でみずからを現わす〔個別的なものは絶対的なものに由来している〕。

③人間の個別性はじつは絶対者（神）と対立しているのではなく、つながっているという自覚が生じる。

こうして人間は絶対者の精神のありようを〝分け持っている〟という感度が現われ、この絶対性と個別性の統一のシンボルとして「聖霊 Geist」が意識される。キリストの死も、人間と神とのこのような和解＝統一のシンボルと理解される〔これが、ヘーゲルによるキリスト教の三位一体、父―子―聖霊についての解釈である。つまり、人間精神は神の絶対精神の個別的な現われである〕。

さて、キリストについての歴史的な物語は、人間が、自分を「精神」的本質として自覚してゆくプロセスが、宗教的な表象（イメージ）として表現されたものだ（キリストの誕生、十字架上の処刑など）。それはつまり、個別者としての人間と、絶対者としての神とが和解し、統合へ向かうプロセスなのだが、しかしその途上で、イエスでさえ運命を逃れられないという苦悩など、つねに「引き裂かれの意識」、つまり「不幸の意識」の感度につきまとわれている。

純粋な思慕

この「不幸の意識」の経験の典型的プロセスを、もうすこし詳しくたどってみよう。

まず、人間が「絶対的存在」(キリスト)に対してとるはじめの態度は、ただ純粋に絶対的なものを仰ぎ見、憧れ、感動している、という「純粋な思慕」(信仰)の態度である。

キリストはいわば絶対者が人間の姿をとって現われているわけで、この点で、キリストへの強い信仰には、個人としての人間が絶対的存在と合一しうる可能性への無意識の希求がある。しかしまだこの希求は意識されてはおらず、人はとりあえずひたすら、手の届かぬ偉大なものとしてキリストに対して、「純粋な心情の内面的な憧れ」を向けている。

しかし、イエスは人びとの救済者としてこの世に姿を現わしたが、十字架にかけられふたたび天に帰る。そこで人びとは救済者との絶対的なつながりの意識を断ち切られ、不安のうちに取り残される。つまりキリストに対する信仰の物語は、「不幸の意識」に染められている。

ここでは、キリストの存在の本質的意味は自覚されず、人はひたすら救済の希望を求め、そこでただイエスの遺物や、またイエスのための戦い(十字軍?)などが大きな問題になっている。

絶対的自己帰依

やがてほんとうの「信仰」に近づきたいという希求は、イエスへの素朴な憧れから、信仰生活への積極的な態度に進んでゆく。一般には、欲望と労働は人間生活の土台をなし、それが人間の自由の基礎でもある。しかし信仰においては、地上での生活の一切はすべて神の恵みであるという感受が強く現われる。

人間にとって大事なのは、ひたすらみずからを空しくして神の御心に従うことだから、およそ生活上の欲望、享受、愉楽は、これに反するものと見なされる。利己心は言うにおよばず、すべての自己への配慮が神の御心に反するものと感じられるから、もっとも重要なことは、絶対的な自己放棄と一切を神に委ねることだとされるのだ。

しかし、このような絶対的帰依の態度にも、新しい困難が現われる。

第一に、人は神への絶対的な帰依によって自己放棄をはたそうと考えるのだが、じつは人間は、「欲望と労働と享受」という生活の基本要素を完全に放棄することはむずかしい。生きている以上、人間から感情の満足という要素を一切消し去ることはできないからだ。

第二に、徹底的な自己放棄をおこなっているつもりでも、ぎりぎりのところでは、この自己放棄も神から認められたいという利己心の現われではないか、という意識を払拭できない。ここから、徹底的な自己放棄という行為にひそむ内的矛盾と欺瞞を自覚せざるをえなくなり、人はつぎの態度へと進み出ることになる。

神への徹底的な献身や感謝さえ、じつは「我欲」であり自己への執着であるという意識にさいなまれ、人は、いっそうの自己放棄の可能性を探そうとする。そして、この徹底的自己放棄の要求に応じてその役割をはたすのが「教会」(=セクト)である。

人は、絶対者につながり、救済されようとするどんな自己努力も「我欲」であることに気づき、そこですべてを教会に委ねようとする。そのことで教会は絶対者と人とのあいだの媒介者となる。人は絶対者との直接のつながりの望みを捨て、「みんな=集団」のうちに埋没することでこれを間接的に確保することになる。

ここで重要なものとなるのは教会がもつ理念であり、人は自分を空しくしてこの理念にすべてを捧げようとする。しかしそれでも、そこでの献身はやはり「労働と享受」のサイクルにあること、つまり自分の献身が周りから評価されるという喜びを伴うことが意識される。このため人はさらに、「自己」の要素を可能なかぎり縮小しようとする道を探す。自己の財産への執着を断ち切る努力、一切を教団へ喜捨し、自分のすべてを教会への奉仕に振り向けること、つまり、世俗生活の断念による「禁欲主義」の断行。

だが、人間が人間であるかぎり、根本的には自己への執着や配慮を完全に放棄することは不可能である。また、この絶対的な自己放棄と帰依によってさえ、完全な救済の確信が必ず現われるわけではなく、それはつねに「半信半疑」のものにとどまる。

こうして人は、キリストその人への思慕から教会に対する絶対的献身と自己放棄へ、という道を歩むが、それでもつねに救済、永遠の生命、天国といった教義に対する不安と懐疑につきまとわれ、「不幸の意識」から逃れることができないのである。

〔⇩〕「ストア主義」と「スケプシス主義」が、自己価値の意識を求める青年期の過剰な自意識のありようを描いているとすれば、「不幸の意識」の中心テーマは「自己理想」に目覚めて、いちずにそれに向かう青年期の真面目な精神の苦しみのかたちである。

ヘーゲルはこれをキリスト教の信仰という理想への情熱として描いているが、それはローマ時代でのストア主義、スケプシス主義につづくキリスト教という展開が念頭におかれているためであって、ヘーゲルの時代では、真面目な青年の新しい自己理想は、新しい宗教的信仰や思想のほかに、自由主義、革命主義といった新しい政治的諸理念を大きな対象とした。一九世紀以後、青年の自己理想の対象は、宗教理念から政治理念へと大きく移行する。現実の社会矛盾が大きく意識されるからである。

現在ヘーゲルが描くような、宗教や政治的理想への絶対的帰依（一致）やそれに伴う自己滅却の情熱は下火になった。しかしそれでもなお、「不幸の意識」が、近代社会における青年の自己意識の独自の危機についての本質的洞察たりえていることは驚くべきである。

〔☆⇒章末解説〕

「自己意識」の章は、人間精神の本質論としての『精神現象学』の出発点をなす場所なので、大きな流れを描いておこう。

まず、ヘーゲルは「生命」の本質からはじめる。ヘーゲルの哲学体系は、世界は一つの絶対的な「精神」であり、「精神」の本質は、無限に自己を展開する自由な運動である、という出発点をもつ。「生命」は、この「絶対精神」の「無限性」の本質を分け持っているので、その本質は、たえず自分自身を区分し統一しつつ再生産する運動、という点にある（余談だが、福岡伸一氏の生命論『生物と無生物のあいだ』は、この説とよく重なる面がある）。

つぎに「意識」の本質は、たんなる自己統一の運動としての「生命」ではなく、この自己統一を自ら保持しようとする「欲望」の存在である、という点にある。これは見事な本質定義だと言わねばならない。

そしてつぎに「自己意識」。自己意識の「欲望」の本質は、単に自己保存のために他を否定する（摂食＝食べる）欲望ではなく、むしろ「他者の承認」を求める欲望だという点にある。なぜなら、人間は例外なく社会生活の中で生きており、そのためにどんな欲望であれ、必ず一定の形での他者の承認なしには可能とならないからである（これに関しては、アレクサンドル・コジェーヴの『ヘーゲル哲学講義』に卓越した考察がある）。

こうして、人間の本質は、「他者承認」を求める「自己意識」としての「欲望」である、という規定がつぎの場面の出発点となる。

ここからヘーゲルは、有名な「主奴論」へと進む。人間は、互いに自己の承認を他者に求めることで、自己の「自由」（欲望の充足）を確保しようとする存在となる。しかしこの相互の承認要求がうまく調和することはたいへん難しい。そこで、人間関係の基本は、まず一方的に相手の承認を求めてせめぎあう「相克」の関係となる。

「承認をめぐる戦い」の記述は、荒々しい普遍戦争がつづいて、各文明の古代大帝国の成立にいたる紀元前後までの世界史を思い描きながら読むと、まずよく理解できるはずだ。見知らぬ民族どうしの支配（主としての承認）をめぐる戦いは、敗者の「死の畏怖」による「奴隷（的）労働」に終わり、そのことで普遍戦争は、必ず巨大な古代帝国という普遍支配の構造に行きつく。ここまでは、オリエント、ペルシャ、ギリシャ、ローマまでのヘーゲルによる大きな歴史理解が流れていると考えてよい。

すでに触れたが、つぎの「自己意識の自由」は、二重の意味をもっている。一つは、ローマ時代における、自由の自覚と現実の支配社会という矛盾の意識から現われる、ストア主義、懐疑主義とそのあとのキリスト教における「不幸の意識」、という歴史の流れ。もう一つは、まだ親の庇護のもとにあって自力では自立できないにもかかわらず、自己の内的「理想」をはげしく求める、青年期の「自意識」の危機を意味しているということだ。

ギリシャ、ローマにおける内的な自由の「自己意識」と、現実と理想のあいだに引き裂かれる「不幸の意識」の範型論が、ここでは、近代人の思春期から青年期の「自己意識」の進み行きに見事に重なっている点に注目すべきである。

第三章　理性

西　研

〔☆⇓〕理性とは何か。西なりに簡潔に述べてみる。理性とは、①自己の意志と、社会の他の人びとの意志とが調和しうると確信している意識であり、同時に②自己と現実世界とが深くつながっていると確信している意識である（簡単に、①を「個別性と普遍性の統一」、②を「主観と客観の統一」と呼んでよい）。

ではこのような態度は、どうやって生成してきたのだろうか？「不幸の意識」でのヘーゲルの書き方は決して明晰なものではないが、私の理解はつぎのようなものだ。

不幸の意識は、最終的に、神と自分のあいだをとりもつ媒語《ばいご》（教会）にすべてを委ねるのだった。つまり、自分で決意する自由を投げ捨て、自分の労働の成果も教会に譲り渡そうとするのである。このことをヘーゲルは『**私を外化放棄し、自分の無媒介な自己意識を物に、対象的な存在にしてしまった**』と述べ、さらに『**この自分の意志の放棄は、意志を個別的意志ではなく普遍的意志として定立することである**』(170, 130) と述べている。

自分の意志を投げ捨てて教会の命令に従うことは、ある意味で奴隷になることだ。しかしこれは、「だれもが神の子である」という仕方で人びとのあいだの対等な相互承認をもたらし、さらに「だれもが認める正しいことを実現したい」という新たなレベルの意志（普遍意志）を人びとのなかに生みだすだろう。

もっとも、普遍意志といっても、この内容は教会が上から一方的に与えるものにすぎない。しかし教会という権威が取り払われるとき、みずから「だれもが認める正義・真理」を洞察し、それを実現しようとする意志が生まれてくるだろう。これが近代の「理性」なのである。つまり理性とは、個別性と普遍性の統一（私の考えと皆の考えが調和しうること）を確信し、その確信を実現しようとする意志である、といえる。

ではそれが、「主観と客観の統一」（自己と現実世界とが深くつながっている）という意味をもつのはどうしてだろうか。

「客観」や「世界」を制度と考えてみよう。教団とそこでの諸制度は、そこに集う人びとの不断の行為によって生成し存続している。制度は、「この私」ではない「われわれ」の価値観や思い（普遍意志）が対象化されたものといえる。日々の行為を通じて互いが承認しあうことで「われわれ」というものが生成・存続し、その「われわれ」の価値観は、生きた制度という仕方でたえず現実となり対象となっている。

こうした意味での対象と自己との統一が、「理性」という意識態度（私と現実世界とは深く結びついているという確信）を可能にするのである。こうしてみると、理性においては、個普の一致と主客の一致とがともにはたされている、ということになるだろう。

しかし、スタート地点での理性は、この確信をまだ実現してはいない。その確信を次第に実現して、本能的な理性が真実の理性となっていく歩みがこの章では語られる。歴史的には、ルネサンス以降の時代を念頭においていい。それは大きく三つに区分されている。

①観察する理性――自然の世界を観察して、そこに合理的な秩序を見出そうとする。

②行為する理性――社会のなかに自己の信ずる理性的な秩序を実現しようとする。つまり世直しをめざす。

③事そのもの（いわば、社会的理性）――自己を表現する行為をおこなうことによって、普遍的な価値あること（事そのもの）を自己の目標とする姿勢を獲得していく。社会秩序は自己と対立するのでなく、むしろ自己を支えるものであることを実感する。

なお、付け加えておくと、理性は、人類の精神の歴史的な歩みを描く「精神」の章で再度登場する。そこではきわめて具体的に、信仰と戦う啓蒙、フランス革命、カントなどの理性的な諸思想として取り上げられることになる。

V　理性の確信と真理

理性の成立と観念論

理性とは『〔自分が〕**あらゆる実在であるという確信**』（*171*, 131）である。不幸な意識は、主体性を外化放棄して「対象」とし、そうすることで「普遍者と自分との統一」が生じてきたのだった〔自他に共通する普遍意志の生成、かつ、普遍意志が対象的な制度となっていることを指す〕。この統一を不幸な意識は自覚していなかったが、この統一が自覚されると、意識は理性となるのである。

こうして、世界に対する肯定的態度が生まれてくる。これまでの自己意識は、自分の自立性と自由を求めて、現実を否定しようとしてきた。しかし自分が理性であると確信するようになると、自己意識は現実を受けとめて、そこに安らぎを得るようになる。なぜなら、『**自己意識は、世界のうちにただ自分だけを経験するにすぎないと確信している**』(176, 133) からである。

こうした理性の態度から、カント、フィヒテらの「観念論」が生まれてきた。観念論とは、自分の思考と現実とが一致しうるという確信だからである。しかし、彼らの観念論は二つの点で不十分なものにとどまっている。一つは、自分が生まれてきた歴史的な過程(不幸の意識と教会)に無自覚であること。もう一つは、「意識があらゆる実在である」という本来の観念論の思想と「さまざまな感覚と表象は意識の外なる物によってもたらされる」という正反対の思想とが共存したままになっている点である(カントは、決して認識されることのない「物自体」を想定した。そして、私たちの認識は、物自体によって感官が触発されるところからはじまるとした。フィヒテは『全知識学の基礎』において、「自我は自我である」という第一原則のつぎに、「自我に対して絶対的に非我が対置される」という第二原則を置いている)。

現実の理性はこれほど不整合なものではないが、まだ「あらゆる実在であるという確信」にすぎないので、この確信を真理にまで高めるべく自然の観察へと駆り立てられていく。

A　観察する理性

理性はまず、自然を観察しそのなかに自己を見出そうとする。理性は現実のうちに己れを予感するので、現実のあらゆるものをあまねく占有し、そこに主権の旗を立てようとするのである。具体的には、感覚的に経験されるものをまず「記述」する態度からはじまって、つぎに鉱物や生物を「分類」しようとし、さらに「法則と概念」とを見出そうとすることになる。

この過程は、理性自身にとっては、あくまでも物の本質を見出そうとする試みだが、「われわれ」にとっては、理性が無自覚なままに、理性自身の本質を見出そうとしているのである〔もし理性が、理性自身の本質である思考の運動——たとえば何かを結果とみなしてその原因を探ろうとしたり、多様なもののなかに統一的な原理を見出そうとしたりするような思考の運動、その運動は無限性という性格をもつ——をはっきりと自覚しそれを明らかなかたちで取りだすならば、それは「論理学」となる。ヘーゲルも『精神現象学』

（一八〇七年）につづいて、第二の主著である『（大）論理学』（一八一二年〜一八一六年）を書いている」。

観察する理性自身も、この歩みのなかで、最終的には、自分が自然のなかにみずからの本質を発見しようとしていたことを自覚することになる。

a　自然の観察

自然物の観察

理性は、記述→分類→法則という仕方で自然観察をより高度化していくが、これは意識章における、感覚→知覚→悟性の進展をふたたびやり直しているとも言える。しかし、理性は、みずから自覚的に「観察」することによって、感覚や知覚の立場を超え出ていこうとする点がちがっている。

意識はまず「観察と経験とが真理の源泉である」と考えて、物事を記述しようとする。しかしこれはまったくもって「無思想な意識」にすぎない。なぜなら、単に個別なものを記述することには意味がないからだ。記述は、単なる事実の羅列ではなく、さまざまな物事に共通するなんらかの普遍的なものを取りださねばならないのである（花びらの数を記述するとしても、それが単に目の前のものの数であれば意味がない。記述が「サクラ一般」に当てはまるものであるとき、はじめて有意味なものとなる」。

※

このように記述とは「普遍的なもの」を記述することだ、と自覚すると、つぎに意識は、事物をなんらかの「標識」によって分類し、体系的な表にまとめようとすることになる〔リンネの博物学が念頭にある〕。

ところで、標識に着目するということは、物の性質について「本質的性質」と「非本質的性質」とを分ける、ということを意味する〔バラ科の植物にとって、花びらの数が五枚だというのは本質的性質であり標識となるが、色が何色であるかは問題にならない。つまり色は非本質的性質になる〕。するとつぎに、この標識（本質的性質）は、あくまでも主観が物事を分類するためのものにすぎないのか、それとも、標識は存在そのものに備わった客観的なものなのか、言い換えれば、諸物の博物学的分類の体系は「人為の体系」なのかそれとも「自然の体系」なのか、ということが議論されるようになる。

たとえば、爪と歯でもって、ライオンは他の動物を食い自分の個体性を維持している。爪と歯は分類の標識であるだけではなく、ライオン自身が自然の連続性のなかから自己を分離するためのものなのである。したがってこの標識にもとづく分類は、人為の体系であるとともに自然の体系であると言える。

ちなみに植物は動物のように独立した個体性を保つことはできないが、自然界の諸物を、それらが個体性を保とうとする独立性のレベルを基準として大きく分類することもできるだろう。

こうした博物学的分類の体系は、自然界の諸物を類・種の区分として秩序だって展開することをめざすものだが、じっさいにはそれらを完全に分類し体系づけることはできない。なぜなら、分類していけば、動物とも植物とも分類できないような事例に出くわすことになるからだ。絶対の分類は不可能なのである。

※

意識はこうして、物を何かの固定的な規定(標識)によって分類することが不可能なことを知った。つぎに意識は、固定的な規定ではなく「法則と概念」を求めていくことになる。

たとえば酸と塩基を考えてみよう。最初は酸も塩基も具体的な物質として考えられているが、「酸が塩基と結びつき中和して塩《えん》となる」というふうに法則として捉えられたときには、酸と塩基は「相関関係」にある概念、つまり互いに他がなければ意味のないものとなっている。酸や塩基は「概念」となり、すでに具体的なものからは切り離され純化されているのである〔酸は「酸っぱいもの」から「水に溶けて水素イオンを出すもの」として捉えられる。塩基は「塩のもとになるもの」から「酸を中和して塩と水を生ずるもの、水酸化イオンを出すもの」として捉えられる〕。電気や熱についても同じであって、これらはもはや「物」ではなく「概念」なのである〔意識の章の悟性における力は、超感覚的なものだった〕。

実験し法則を見出そうとする観察する理性は、結局、「固定的で自己同一的なものと考えられていた物」から、互いに関係しあい運動する、無限性としての「概念」を取りだしている〔じつは、理性（意識）じたいがこうした無限性としてのあり方をしているのだが、理性はそれに気づいていない。ここでの理性は、本能的に、自分自身のあり方を自然のなかに見出そうとしていたのである〕。こうした無限性を備えた概念を、現実の存在でありながらそのまま表現している対象がある。それが「有機体」である。

有機体の観察

有機体は非有機的な自然物とちがって、たえず外（環境）と関わりながらみずからの自己同一を保つ、というあり方（無限性）をしている。しかし観察する理性はそうした動的な無限性というあり方を理解できず、固定的な項目相互の関係として何らかの法則を打ち立てようとする〔ここでは、とくに当時のシェリングの自然哲学がそういうものとして批判されている〕。

最初の法則は「有機体は環境に影響される」というものである。たとえば、空気と鳥の翼、水と魚のヒレがその例として挙げられる。しかしこの関係は外面的・偶然的なものにすぎない。有機体は環境からの独立性を保ち、環境に対してもそれ独自の方法で適応しようとするからである。

有機体の本質はそれが「自己目的」であることにある。有機体は環境やさまざまな他のものに関わるが、その活動は究極的には、個体ないしは種族としての自己維持に帰する。だから、有機体は環境の単なる反映ではないのである。

※

つぎに観察する理性は、有機体をいくつかの固定的な契機の関係として理解しようとする。すなわち、目的の概念を「内なるもの」とし、実際の器官を「外なるもの」としたうえで、「外なるものは内なるものの表現である」という法則を見出そうとする。

まず、有機体の「内なるもの」として、感受性（外からの刺激を受け取る能力）―反応性（外に対して反作用する能力）―再生（個体ないし種を再生産する能力）という三つの契機が区分される〔自然科学者のキールマイヤーとそれを受けたシェリングの立場。生命体の基本的な機能を三種類に区分する」。

観察する理性は、この三つの契機（機能）を固定的なものとみなし、そのあいだに量的な法則が成立するという。たとえば、「生物は下等になればなるほど感受性は減少するが、繁殖力＝再生は増加する」などとされる。しかしこれら三つの契機は相互に関連しあう「普遍的流動性」としてあるものであって、相互の量的関係として把握することによっては有機体の本質は捉えられない。

つぎに、感受性に神経系を、反応性に筋肉系を、再生に内臓系を、というふうに、内なるもの（機能）に外なる器官を対応させる考え方が出てくる。しかし感受性は神経系だけによって表現されはしない。三つの機能はそれぞれが全体に行きわたる流動的なものであるから、「相互に分離された物的表現」をもつことはできない。

すなわち、三機能を固定的に区分したり、この三機能と対応する三器官を設定したりすることによっては、有機体の本質は捉えられないのである。

自然全体の観察

つづいて、観察する理性は自然全体を理解しようとする。

そのさい、「内なるもの」である無限な生命が、具体的なさまざまな生命有機体のかたちをとる、と意識は考える。そして、生物のさまざまな形態を、唯一の同じ生命の高度化する発展過程として系列づけることが試みられる。そのためにシェリングは「数」を用いた。つまり、内なるものである数が外なる具体的な形態として表現される、という仕方で、生物の発展の系列を構想したのである（シェリングの自然哲学）。

しかし数は、種への分化という質的な現象の必然性をほんとうに説明することはできない。無限定な普遍的生命から限定された具体的形態にいたる道筋が解明されはしないからだ。

数は無限定な生命のように「単一」（等質的）であってかつ量的には「限定」（差異）をもっているために、数を用いると、生命の同質性と個々の生物の具体的な限定性をともに表現できるかのように思えるだけなのである。

また、非有機的な物体においても、「比重」（同一の体積がどれくらいの重さを持つか）を基準にしてそれらを系列づけ、比重からもろもろの他の性質を説明することが試みられた。比重は物体の「凝集力」、つまり外から加えられる力に対する抵抗力とみなされるからである。これは有機体における自己目的の概念を物質へと転用したものだが、非有機的なものにおいては、もろもろの性質は相互に無関係なまま共存するのだから、この系列はやはり成功しない。

普遍的な生命は、個別的な生物へと分かれつつ、相互に交わりあって普遍的なものを生みだす。この過程はたしかに、無限性を表現していると言える。しかし生命はみずから自覚的に（対自的に）類であるのではない〔自覚的に個と全体との関係をつくりあげるということがない〕。そして自覚的な仕方で歴史をもち生成していくこともない。『**有機的自然は歴史をもたない**』（220,165）。そして、生命の種への分化も必然的な段階としておこなわれるのではなく、大地という環境との関係においてさまざまな偶然性を免れない。だから生命の領域は、精神の領域で見られるような必然性や体系性をもちえない。

こうして、存在のなかに自分自身を見出そうとする理性本能は、つぎに自己意識をもった人間の観察へと移っていく。

b　論理学的法則と心理学的法則

論理学的法則

観察する理性が本能的に求めていたのは、対象のうちに、みずからの思考と認識の運動（無限性の運動）を見出すことだった。しかし、いわゆる論理学の法則、つまり形式論理学は、生きた思考の運動を語るものではない。形式論理学は、法則や一般的概念の一つひとつを独立に取り上げるだけで、それらを生きた思考の運動における契機とはみなさないからである。

心理学的法則

つぎに観察する理性は、具体的な行為する意識を観察する「心理学」へと移行する。

心理学がまず最初に見出すのは、精神のさまざまな様態である。さまざまの能力、傾向、激情を心理学は見出し、精神のうちにはかくも多様で異質なものが共存できるのか、と驚く。そして、これらの多様な能力や特質はどのようにして生まれたのか、と考え、理性は「環境が個人に影響を与える」という法則を主張することになる。

しかし、環境と個人とをまったく別のものとして切り離したうえで、一方的な影響関係を論じるのはまちがっている。個人は環境に自己を適合させることもできるが、また環境を変革する能動的な存在でもあるからだ。

そもそも環境は個人から分離されたものではない。「個人が何か」ということと「彼の世界が何か」ということは、まったく同じことを意味するからである。個人は行為するものであるから、個人は素質や状況のような「与えられたもの」と、「みずからつくりだしたもの」との端的な統一なのである。

個人をそのように見るとき、つぎに、個人が「彼自身の世界」に対してどのような関係をもっているかを観察しようとする態度が生まれてくるが、そこに人相術や頭蓋論が登場する。

c　人相術と頭蓋論

理性は、個人を所与の環境の単なる反映として見るのではなく、個人そのものに着目する。そして、個人の真実（内なる世界）を表現する外なるものとして、身体のさまざまな部位を取り上げる。

①手相術――個人は「手」で行為する。手は、個人が生得的にもっているものと、後天的に獲得したものとをともに表現しているはずだ。だから、手や声の質はその個人の内なるものを表現しているはずだ、と考えられることになる。

②人相術――顔は、手のように直接に外界に向かって働きかける器官ではない。しかし、表情は自分の行為に対する自分の思いを表現する〔自分はいいことをしたなあ、とか、まずいことをしてしまった、というような、自分の行為に対する反省が表情として現われる〕。だから人相には、その人がこれまで生きてきた過程への反省が表現されているので

あり、かつ、それは他人によって観察しうるものとなっている、と人相術は主張する。
しかし「仮面」をつけることも人間にはできるのであって、人相は自己意識と必然的な関係をもつとは言えない。また、ラファーターのような人相術者は、行為よりも人相を重視し、「内なるもの」は行為によっては充分には表出されず、人相においてこそ真実に表出される、とみなす。しかし、真実の表出は「行為」なのであり、行為こそがその当人が何であるかを示すものと考えなくてはならない〔この論点は、後の「精神」章の「良心」のところで詳しく論じられる〕。

③頭蓋論——さらに馬鹿げたものとして、ガルの唱えた頭蓋論というものがある。これは、精神の一定の特質には頭蓋骨の一定の形状が対応している、ということを観察によって確定しようとするものだ。これは要するに、『**精神は一つの物である**』(252, 190)という判断へと帰着する。

これは自己意識を物と等置しようとする「無限判断」であり、きわめて馬鹿げたものである。しかしまた、観察する理性の最終的な帰結という点では、深い意味を持つ。理性本能は「存在」(対象)のなかに自分自身を求めようとして、ついに骨というまったくの存在のなかに自分を見出したからである。

この「精神は骨である」を極点として理性は態度を転じ、みずから行為することによって自分自身を存在（現実）のなかに定立しようとする姿勢へと、すなわち「行為する理性」へと転換していくことになる。

〔⇓〕ここでの無限判断とは、まったく異なった領域のものを結びつける、一見すると無意味な判断のことを言う。たとえば「赤は広い」というような判断のことを指す。ヘーゲルは、「精神は物である」という無限判断を、まったく異なったもの同士のなかに同一性を見出そうとする点で、精神自身の本質である無限性を表現したものとみなし、そこに深い意味をもたせようとしている。この「精神は物である」という無限判断については、「絶対知」のところでふたたび論じられる。

B 理性的な自己意識の自分自身による実現

理性の概念の自覚と、新たな対象

自己意識は「物を自己として、また自己を物として」見出した。これは「〔自分が〕あらゆる実在である」という確信を、自覚的なものにしたことを意味する。そこで、これ以降現われてくる新たな対象は、自己意識から自立していながらも自分にとって疎遠なものではないような対象、すなわち他の自己意識となる。そして自己意識は、この他の自己意識から自分が「承認」されるはずだ、と確信している。

この承認によって、自己意識は「精神」となる（自己意識の章の冒頭を参照）。

精神とは、二つの自己意識に分かれて各自が自立的なものとなりながら、しかも一つであるようなもの（無限性というあり方をしたもの）だが、これは自己意識相互の承認によって成り立つからである。だが、この精神というあり方も、現時点では（主観的な）確信にとどまっているのであって、これが（客観的）真理にまで高まらなくてはならない。そこで理性は、これ以降、この確信を行為によって実現しようとする「行為する理性」となるのである。

行為する理性は、最初は、個別的な自己を相手に直接承認させようとする姿勢（恋）からスタートするが、次第に普遍的なものを意志するようになり、最終的には、精神というあり方を自覚していく。つまり、国家や家族のような社会制度が個々人を生かす「精神的な本質」であり自分たちの「実体」であることを自覚するところまで進んでいくことになる［「実体 Substanz」とは、内容的には社会制度のこと。社会制度は個々人の意志や行為をいわば下から支えるようにして生かしている。そういう意味で、社会制度は「諸個人の実体」であると言われる」。

目標としての「人倫の国」

この行為する理性の目標を、具体的な形態として「われわれ」が前もって取り出してみると、そこに「人倫の国」というものが見えてくる〔古代ギリシャのポリスのこと。精神の章の冒頭部で詳しく語られる〕。

この人倫の国では、①個々の自己意識は承認しあっており、さらに②個人は全体のために働き、全体もまた個々人を支えるという相互性が成り立っている。そして③そこでの習俗と掟は、個々人にとって疎遠なものではなく、むしろ個々人の意志の表現となっている。このようにして『**ひとつの自由な民族のうちに、理性は真実態において現実化されている**』(258, 195)。理性とは「〔自分が〕あらゆる実在であるという確信」だったが、この確信が実現された具体的な形態こそが、人倫の国なのである〔ここでの「人倫」は人びとの「共同性」を指す。人びとのあいだに美しい共同性が実現している国という意味〕。

〔↓〕人倫と道徳はともに規範を意味する言葉だが、とくにヘーゲルでは、人倫は「社会的に共有されている習俗やルール」、道徳は「個々人がみずから問い確かめた規範」を指す。「人倫 Sittlichkeit」は「習俗 Sitte」から生まれた言葉であり、習俗やルールというかたちで現われる「共同性」そのものを指すこともある。それに対して、「道徳性 Moralität」は、個々人それぞれが「何が正しいのか」と問い確かめようとする姿勢を指す。定言命法で知られるカントの立場を指すこともある。

道徳性の生成

さて、行為する理性がこれから経験していく歩みは、この「人倫的実体」(人倫の国)を目標としそれを達成しようとする歩みなのだが、しかしこれを別なふうに見ることもできる。すなわち、人倫的実体から離れでた意識が次第に自分自身の使命を自覚し、最終的には自分と実体との関係をはっきりと自覚した「道徳性」へといたる歩み、とみなすこともできるのである(「事そのもの」「立法と査法」の箇所)。

後者について説明しよう。人倫の国においては、「純粋な個別性」、つまり「この私」の自覚がなく、人びとは実体(国家と家族)を素朴に信頼しているにすぎない。しかし意識はここから離れざるをえず、実体ではなく自身の個別性(この私)を本質であると考えるようになる。これは美しい共同性が失われることだが、しかしまた、喪失は「自覚」のチャンスでもあり、人びとが共同性を自分自身の本質として自覚し、意識的に共同性をつくりあげようとする姿勢、つまり「道徳性」の立場を生みだすことでもある。その点で、素朴な人倫よりも自覚的な道徳性のほうがより高い立場といえる〔ここは、ヘーゲルのモチーフが端的に表明されている箇所。近代の自由は近代以前の素朴で美しい共同性の喪失でもあるが、同時に、自覚的に共同性を打ち立てるための条件でもあるとヘーゲルはみなす。もっとも、このストーリーは「行為する理性」の箇所よりも「精神」章のほうにより明確なかたちで描かれている〕。

どちらの見方もできるのだが、われわれの時代により近くて理解しやすいのは、後者の見方かもしれない。つまり、以下の行為する理性の歩みを、共同性を失った個人が共同性を自覚していく歩みとみなすこともできる、ということだ。

行為する理性の諸段階

さて、行為する理性はつぎのような段階を通っていくことになる。

①最初は自己意識は、個別的な私を個別的な他者のうちに直接に求めようとする。すなわち恋愛をする。——快楽と必然性

②つぎに自己意識は、普遍的な法則を求め実現しようとする。具体的には、社会のいままでの掟は人間的な心胸（ハート）を欠いていると考え、世直しを試みる。しかし自己意識は、自分のめざすものが本当に普遍性があるかどうかを検証せず勝手にあると思いこんで

いるので、この世直しは人びとに支持されない。——心胸の法則
③つぎに、自己意識は、普遍的な善は自分の個人的な欲望を犠牲にすることによってのみ実現されうると考え、徳の騎士となってふたたび世直しに挑む。——徳と世間
〔⇓〕さらにこの後の「事そのもの」の箇所で、芸術や学問などの「表現」をおこなう意識が登場する。そこまでふくめると、恋愛・社会変革・表現の三つになるが、これらは近代における「至高なもの」の三類型と呼ぶことも可能だろう。個が個でありながら他者とつながり共振するという魅惑的な経験の三つの次元として、読むと面白い。

a　快楽と必然性

ここでの自己意識は、「個別的な自分」こそがリアルだと考え、この自分を他の自己意識（異性）のうちに直観しようとする。つまり、ある他者をわがものにしようとする。

この自己意識は、人倫的実体から離れて高まった「対自存在」（自分だけの、個別的な目的をはたそうとする存在）であって、習俗や掟、観察の与える知識や理論といったものを、灰色で消えつつある影のようなものとしかみなさない。彼は生のうちに躍り込んで、熟した

果実をもぎとろうとするように、恋に生きようとする。

それは悟性と学問という
人間　最高の賜物をさげすみ——
それは悪魔に身を委ねて
没落せずにはおられない

（ゲーテの『ファウスト』からの自由な引用、262, 199）

この態度は「欲望」（自己意識の章の冒頭）に似ているが、相手を食い尽くそうとするのではなく、対象である恋する相手のもつ「他的存在という形式」を否定しようとする。そして、「快楽の享受」つまり「両方の自立的な自己意識の統一を直観すること」へといたる。

しかしその結果は、個別的な自分こそがリアルだと思っていたこれまでの見方を失わせることになる。なぜなら「自分自身と他の自己意識との統一」である「普遍的なもの」（切っても切れない絆や、子供のこと）が生まれてくるからである。こうして快楽をめざした自己意識に、捨てたはずの家族や社会との「つながり」が、当人の予期しなかった厳しい

「必然性（さだめ）」として、経験される。快楽の享受は自己実現であるとともに、個別的な自己の否定をも意味していたのである。

他の人びととの共同を投げすてて自分の快楽だけをはたそうとした自己意識は、その正反対である必然性・普遍性への突然な移行を経験した。そして、自己意識は没落してしまったかのように見える。

しかし「われわれ」から見れば、ここでの必然性ないし普遍性も、自己意識と無関係なものではなく、自己意識自身の本質だったのである。この普遍性という契機を自分自身の本質であると自覚したときに、つぎの新しい自己意識の形態が登場することになる。

〔⇓〕この節全体が、ゲーテの『ファウスト』を意識しつつ書かれている。ファウスト博士は悪魔との契約によって若さを獲得し、グレートヒェンとの恋に生きようとするが、子供ができてしまい、最終的にグレートヒェンは発狂してしまう。これはまた、ヘーゲル自身の経験でもある。『現象学』を執筆していた時期、下宿先の主婦とのあいだに不義の子供ができてしまったのだ。当時ヘーゲルは独身だったが、この子を認知し、以後もいろいろ配慮した。これは社会的な評判の面でも、後の結婚生活においても、彼の生涯の頭痛の種となった。

b　心胸の法則と自負の錯乱

心胸の法則と現実の法則

この自己意識は自分の内に普遍的なもの、つまり法則をもつことを知っている。この法則は、この個別的な自分の心胸のなかに直接無媒介に存在しているものであり、それゆえ「心胸の法則」と呼ばれる〔普遍性をめざす姿勢をもっているが、真の普遍性であるかどうかの検証はない〕。

この自己意識にとっては、現実は「法則と個別性の矛盾」に他ならない。つまり現実の法則は「必然性」としてもろもろの個人を抑圧する、と自己意識は考え、この必然性を撤廃しようとする。彼は己れ自身の「卓越せる本質」を発揮し、「人類の福祉」を生みだそうとするのである〔みんなが幸せになるとぼくも幸せだ、みんなが楽しくなる世界を実現したい。そういう素朴な善意をもちつつ、世直しをしようとするのがここでの自己意識。そこには、世直ししようとする自分はカッコいいという意識も入っている〕。しかし、心胸の法則における個別性と普遍性の統一はきわめて素朴なものでしかない。そのことは実際の世直しの経験によって明らかになってくる。

心胸の法則の実現

実際にこの個人が自分の心胸の法則を実現してみると、この法則は自分から逃れ去り、疎遠なものとなってしまう〔理想の学校や理想のコミューンをつくろうとしたが、できたものは自分の理想とは似ても似つかないものになってしまった、というようなことか〕。彼がつくりだしたものは「普遍的な威力」つまり客観的な制度となるが、しかしこの威力にとって「この個人」の心胸はどうでもよいからである〔客観性を備えた制度は、自分をふくむもろもろの個人の思いにいちいち対応するものではない。制度は制度であるかぎり、どのケースをも等しく扱うことを本質とするからだ〕。

そこでこの個人は錯乱してくる。この秩序のなかに彼は自分を認めることができないが、しかし同時に、この秩序を生みだしたのは自分であって、この現実を認めなくてはならない。こうした矛盾のなかにこの個人は立たされることになるからだ。

さらに、この個人は自分の企てる世直しに他の人びとも賛同してくれるだろうと思いこんでいたが、この思いも裏切られてしまう。彼が実現しようとしたのは彼の心胸にすぎず、他人たちはそこに決して自分の心胸を見出しはしないからである。

彼は以前、現存の秩序は死んだものであり善意の人びとを抑圧していると思っていたが、この経験を経て、この秩序を生きる人びとの心も実は腐っていたのだ、と思うようになる。これは、顚倒《てんとう》し錯乱した見方だが、現実を生かしているのが人びとの心胸であることに気づいた、とも言える。

自負の錯乱

さて、錯乱した個人は、自身の錯乱と顚倒を他の人びとに投影してつぎのように言う。狂信的な坊主ども、豪奢に耽る暴君たち、そしてこれら両者から受けた辱《はずかし》めの腹いせに下の者を弾圧する役人たち、こういった連中が人類を操縦し欺いているのだ、と。こう語ることによって、意識は「個体性」(個人の利益を求めようとすること、エゴイズム)こそが狂わせ乱すものであり顚倒したものである「あいつらのエゴが世の中をおかしくしている」と言うのである。

しかし、顚倒しているのはむしろ自分のほうだ。自分をそのまま普遍性であると思いこみ、そこに自身の「卓越せる本質」を見出していた彼のあり方こそエゴイズムだったのである。

秩序の二側面

ここで現実の秩序のほうをふりかえってみると、そこには二面性がある。

一方で、現実には人びとが愛着する「実体」という側面がある。これは「すべての心胸の法則」でもあり、人びとが不平をならすことがあっても、じつは人びとはこの秩序を自分たちの本質であると考えて心からこの秩序に愛着しており、この秩序の外に出れば個々人はすべてを失ってしまうことになる。この面を「安らえる本質としての普遍者」と呼ぼう。

しかし他方では、現実は、各人がそれぞれの私的利益をぶつけあい、多くを自分のほうにひったくろうとする場面でもある。現実のこの面を「世間」と呼ぼう。そこでは各人は普遍性など信じず、自分一身の利益こそ重要と考えている。つまり、世間においては「休みなき個体性」(個々人の活動的なエゴイズム)こそが本質なのであり、「安らえる本質としての普遍者」はただ内なるもの(現実となっていないもの)でしかない。

そこでつぎに、個体性を撤廃することによって、この内なるものを現実にしようとする意識の新しい形態、すなわち「徳」が生じてくる。

改革者は自分の心胸の法則をそのまま普遍的なものだと思いこんでいたが、この自身のエゴイズムに気づき、エゴイズムをとことん取り払ってこそ善なる秩序は実現できる、と考えるようになるのである。

[⇓]心胸の法則を抱く改革者の姿として、何を思い浮かべればよいだろうか。具体

像を特定するのは難しいが、「みんなが幸せになったらぼくも幸せだなあ、ぼくががんばればみんなも賛同してくれるだろう」というような、素朴でロマンティックな改革者の姿が描かれていると思う。最初は、制度が悪く人びとはよいと思っていて、つぎに、自分についてこない人びとも腐っていると思うようになる、というあたりは、世直しを考えたことのある人にはやや「痛い」ところかも。

c　徳と世間

徳と世間

徳は、自分の意識においても、世間の人びとにおいても、個体性（エゴイズム）は撤廃されるべきものだと思う。「それ自体として真でありかつ善であるもの」のもとへみずからを訓練し、最終的には全人格を犠牲にしなくてはならない、と。そうすることで、個体性は世間の側においても根絶され、善が実現するはずだ、と徳は考える。

対する「世間」においては、徳とは逆に個体性が本質とされ、「それ自体として善かつ真であるもの」は従属させられる。社会秩序は、個人のエゴイズムによって利用され顚倒されるのである。もちろん、世間のなかにも「安らえる普遍者」という契機はあるが、それは「内的本質」、つまり隠れた潜在的なものとしてあるだけだ。

ところで、徳の戦いは、この世間の「内的本質」をみずから作りだそうとするものではない。作りだそうとするのは一種の「作為」であり、「自分がやった」という個体性の意識をもたらすだろうから。普遍的なものを自分のために顚倒する個体性を撤廃しさえすれば、おのずとこの内的本質が出現してくるはずだ、と徳は考えている。

徳と世間の戦い

こうして徳は世直しをめざすが、徳は決してその成果を享受できない。なぜなら、善が実現していないからこそ徳の意識が存在しうるのであって、善が実現すれば徳の意識は消滅することになるからだ〔この論理は「精神」章の「自己確信的精神」において、カント批判としてふたたび取りあげられる〕。

さて、戦いのさいの武器は、戦士たちの本質でもある。抽象的な普遍的な善である天賦の才や能力〔さまざまなことに役立つものという意味で善なるもの〕が、ここでの武器となる。そして、徳と世間のどちらも同じ武器を用いることになる。

しかし戦いの結果は世間の勝利に終わる。なぜなら、徳の戦いは決して真剣なものとなりえないからだ。

第一に、徳が求める「それ自体として善なるもの」は世間の内的本質である以上、それはおのずと実現されていくはずだ、と徳は思っている。徳はいわば、戦いを八百長のようにみなしている。

第二に、徳は善なるものを保全し実現するために戦っているのに、戦いにおいては、まさにその善なるもの（天賦・能力）を消耗や毀損の危険にさらすことになる。

第三に、世間の側が戦いにおいて差しだしてくる天賦や能力は、徳の信じる抽象的な善とはちがって、「個体性によって生気づけられた普遍的なもの」であり「現実に善なるもの」であるからだ。徳は善のために世間に戦いをしかけたが、じつは相手のほうに現実的な善があった。これでは戦いにならず、むしろ相手を守らねばならないことになってしまう。

個体性と善は結びついている

こうして徳は敗北する。徳の想定していたこと——個体性と普遍的な善とはまったく異なったものだ、普遍的な善は潜在的なものであって現実には存在していない——は、ただ言葉のうえでしか成り立たない区別にもとづくものだった。

徳は、世間は見た目ほど悪いものではない、ということを学んだ。そして個体性は①潜在的（自体的）な善を現実化するものであり、②かつ自分では利己的に行為すると思いこんでいるが、その行為によって公益をもたらしてもいる〔よい製品をつくって売れば、自分の得にもなるが、買った人びとの得にもなる〕。

　こうして、個人の為すこと（行為）は、個体性と普遍性とを結び合わせ、かつ、潜在的なものを現実的なものにするものである。その意味で行為は単なる手段ではなく「それ自身における目的」（目的それ自体）であると言える。

　こうして、潜在性と現実性、個体性と普遍性を総合するものとしての行為が次のテーマとなる。

〔⇓〕「徳」というとき、具体的にはどういう人びとを想定しているのだろうか。ヒッピーっぽい快楽主義的な路線とは一線を画す、カント的なマジメな道徳主義者のイメージが浮かぶ。エゴイズムを取り去ればよい社会になるはず、みんなが道徳的に完成した素晴らしい社会、という理想をもった人びと。しかし世間の側では、「ホントにそんなことできるの？　やっぱりまずは生きてかなくちゃね」ということになるので、そこに対立が出てくる。

C　絶対に実在的だと自覚している個人

「〔自分が〕あらゆる実在である」という理性の概念を、いまや自己意識自身が把握するようになっている。つまり、行為は「自己目的」であって、そこにおいて個体性と普遍性（個普）、自我と存在（主客）の相互浸透が成り立っていることを、自己意識は自覚している。行為することじたい、つまり、個体性を表現し言表することじたいが自己意識にとっての絶対的な目的となる。

a　精神的な動物の国と欺瞞、あるいは事そのもの

しかし、「自分が絶対的な実在性であるという確信」はまだ抽象的なものにすぎない。そこでまず、この個人が行為する以前にどのように考えているか（個人のもつ概念）をその諸契機に関して確認したうえで、つぎに、じっさいに行為したさいにどうなるのかを確か

めてみることにしよう。

実在的なものとしての個人の概念

この個人はまず、「根源的に限定された自然」（なんらかの限定された生得の素質をもつ者）として登場してくる。しかしこれは、彼の行為を制限することにはならないはずである。なぜなら、この限定は「透明な普遍的な場面」であって、その場面のなかで個人は自由に自分を展開していくことができるからである。これは動物がたとえば水という場面のなかで自由に自分を展開しつつ（特殊な組織をつくりあげ、活動しつつ）同一の生命を保っているのと似ている。そしてこの限定された自然は、自己意識が抱く「目的」の内容にもなるはずだ。

さて、この根源的な自然である個体性が行為することによって、行為のなかに三つの契機の区別が出てくる。すなわち、最初に意識のなかにある①目的と、これを実現し現実に移行させることである②手段と、行為者から外に出た③作品（結果）である。

そして、どの契機のあいだにもズレが生じることはない。つまり、目的と現実の作品のあいだにズレが生じたり、目的にふさわしい手段が欠けたり、ということもない。すべてが根源的な自然という場面のなかをおのずと動くだけ、とされる。

しかし、自分の作品を他者の作品と比較することも起こるのではないか、と言う人がいるかもしれない。しかしこの個人はそんなことはしない。『**すべては等しく、ある個人の為すことであり自己表現であるから、したがってすべては善いのである**』(289, 219)。『**個人は己れにおいてただ悦びだけを体験しうるということになる**』(290, 220)。

〔⇓〕ここでの個人は、「他人との比較など問題ではなく、自分に内在するはずの個性を十全に発揮することこそが大切だ。そうすれば必ず満足できる」という見方をしている。こうした個性重視の思想ははたして通用するか？　このことがつぎに検証される。

作品は持続しえない

以上が、自己意識が自分についてもっている概念だが、「われわれ」は、この概念が意識自身の経験のなかで確証されるかどうかを見ていこう。

まず、作品をつくった後、それを眼前に見ている意識はどうか。すると意識は自分が作品によって満たされていないのを見出す〔つくったものをあらためて眺めてみると、ヘタだなあ、とか、自分が最初もくろんだものとはずいぶんちがってしまったなあ、などと思う〕。

さらに作品は他者からの反撃を受けて「消失」してしまう〔おまえのものは全然ダメだ、と言われ、自分でもそれを認めざるをえなくなる〕。それとともに行為の諸契機もバラバラになってしまう。——「目的」が真実の本質をもつものとなるかどうかは偶然的であり、目的を表現するような「手段」が選択されるかどうかも偶然的である。行為（目的と手段の統一）が「現実」となるかどうか（成功するかどうか）も偶然的である。こうして意識の行為は偶然的となってしまうのである。

「持続するもの」としての「事そのもの」

しかし、行為には「統一性と必然性」が備わっているのでなくてはならない。つまり、目的と現実とは必ず結びつかねばならないはずだ。この必然性のほうが偶然性を超えて包み、作品の消失ということじたいが消失して、そこに「持続するもの」が経験されるのでなくてはならない。ではそれはどのようにして起こるのか？

たしかに個々の作品は過ぎゆくもの、偶然的なものであるとしても、それらを貫いて持続するものがある。これが「事そのもの die Sache selbst」である。事そのものとは①「持続するもの」であり、②「行為と存在の統一」たる「真実の作品」であり、③自分のものだが自分から自由な対象性をもつものである。

〔⇓〕具体的な事例がここではまったくないため、これをどう読むかは難しいが、後の展開を考慮するとつぎのようなことになるだろう。人びとがたとえば文学作品をつくり、それらを批評しあう営みができてくるとしよう。そうなると、そこに「これぞほんものの文学だ」と言われる作品が生まれ、「ほんものの文学」という理念が生まれてくる。そして人びとはこの理念を目標とすることになる。「事そのもの」とは、第一に、このような理念のことを指す。しかし第二には、この理念をたえず生みだしている「制度」(文学や芸術や学問のような制度)も、ふたたび、事そのものと呼ばれるのである。このような制度は、作品をつくる個人に対して外在的なものではない。制度があるからこそ、個々の表現行為が成り立ち支えられているのだから。その意味で、制度としての事そのものは「持続的なもの」であり「行為と存在との統一」であり、さらに、個々人の根本にあり個々人を支えるものとして個々人の「実体」でもあるだろう。

欺しあいの遊戯

事そのものにおいて、自己意識はおのれの「実体」(個々人の根本にあり個々人を支えているもの、つまり社会的な制度)を意識するにいたった。しかしその自覚はまだ不十分である。意識が事そのものを「真なるもの」とみなすとき、その意識は「誠実な意識」と呼ばれるが、じつはそれはまったく誠実ではない。この意識は事そのものを「単純な本質」(動きのない固定的なもの)として捉え、これを自分の行為のどの契機にもあてはめられる単なる「述語」として扱うからである。たとえばつぎのように。

①「誠実な意識」の欺瞞

行為には、目的(意欲)・手段・現実といった諸契機があるが、意識がそのどれかにおいて満足しえないとき、他の契機をとりあげて「これこそが事そのものだ(意義あることだ)」と語ることによって、満足を得ようとする場合がある。たとえば目的が実現されなかったときでも「自分には意欲はあった」と語ることができる。この場合には、「目的としての目的(ただ目的をもったというだけ)」が事そのものとされたことになる。また自分の仕事が他人によって無に帰された場合(自分の学問上の主張を他人が否定したような場合)でも、「私は他の人びとを刺激することで事そのものの実現に寄与した」と言うことができる。このように、誠実な意識は決して誠実ではないのである。

②欺しあいの遊戯

行為には、事そのもの(自体存在:それ自体として価値あるもの、普遍的な意義のあること)をめざそうとする契機と、自分が認められたい(対自存在:私的な利益や名誉)という契機の二つがある。この二つは不可分なものだが、個人はこの二つを使い分けて、自分をも他人をも欺瞞する。そこに「諸個人の欺しあいの遊戯」が成り立ってくる。

たとえばある個人が、何かある事の実現にとりかかる。他の人びとは、彼は「事そのもの」の実現をめざしていると思い、そこで「私もお手伝いします」などと言う。すると彼は「いや、私は自分がやりたいからやっているので、手伝いは結構です」と断る。

そこで他人たちは「これは欺瞞だ」と言うが、彼らのなかにも欺瞞がある。彼らが援助しようと馳せ参じたことじたい、事そのものの実現よりも、「自分」が手伝っていることを示したいという動機からだったのである。

事そのものの本性

意識はこのような経験を経て、普遍的な意義あることをめざすという「自体」の契機も、自分が行為することで認められたいという「対自」の契機も、ともに本質的なものであることを経験し、そうすることによって、「事そのものの本性がなんであるか」をも経験することになる。すなわち、**『事そのものは、①その存在が、個別的な個人の行為でありすべての個人の行為であるような、一つの本質**（実在 Wesen）**であり、②その行為がただちに他に対してある、すなわち一つの事であり、この事は、万人のまた各人の行為として**

ある。さらに③あらゆる本質の本質 das Wesen aller Wesen であり、精神的な本質 das geistige Wesen であるような本質、である』（300, 227）〔引用文を解読してみよう。①事そのものは、個人の行為であるとともにすべての個人の行為である＝人びとが相互に行為しあう営みである、②そこでは、行為は対象的な「事」となって、他人に対して開かれるものとなっている。③事そのものは制度として存立しているが、これこそが人びとをもろもろの本質に結び合わせる「場」であるのだから、「あらゆる本質の本質」と言いうる。そしてこれは、「われであるわれわれ、われわれであるわれ」という精神のあり方と深く関わるからこそ「精神的本質」と言ってよい〕。

こうして事そのものは個々の行為に恣意的に付与される「述語」ではなくなって、むしろ個々人を生かす「実体」となり「主語＝主体」となるのである。

b　立法する理性

〔⇓〕事そのものという仕方で、自己意識を支える制度性、つまり「人倫的実体」が見えてきた。そして、理性の冒頭では、この実体を「意識」するものとして道徳性が登場することが予告されていた。ここで登場する「立法する理性」「査法する理性」

はこの道徳性に相当するものである。しかしこの結末としては、これらは実体を不十分かつ形式的にしか意識しないものであった、ということが明らかになって、ふたたび、事そのものに戻り、つぎの精神の章につながっていくことになる。なお、立法も査法も、実質的にはカントの道徳説のことを指しており、このくだりはカント道徳説批判でもある。

さて、事そのものは人倫的実体となっており、自己意識はこの実体を意識する「人倫的意識」となっている。では自己意識は、どのようにこの実体の掟、つまり法則を言い表すだろうか。

カント道徳説への批判

この自己意識である「健全な理性」〔皮肉っている〕は、まず、何が正しくかつ善であるかを「直接〔無媒介〕に」知っており、かつ、この命令は「無条件」に妥当するものだ、と主張する。つまり、善に関する「直接知」と「無条件性」とを健全な理性は主張する〔これはカントの道徳説。カントはどんな人間のなかにも道徳法則があり、それは「汝の格率〔自分なりのルール〕が万人に妥当する普遍性をもつかどうかを吟味せよ」と命令してくる、と主張した。そして、自分の格率を吟味して普遍的なものとする作業を、「普遍的立法」（万人に妥当する道徳の掟をみずから立てること）と呼んだ。だからここでの「健全な理性」は「立法する理性」と呼ばれるのである」。

たとえば、「各人は真実を語るべきである」というふうに義務が無条件に言明される。しかしただちに「もし各人が真実を知っているならば」という条件を追加しなくてはならない、という主張が出てくるだろう。すると、健全な理性は「自分もそういうつもりだった」と語って命題を改善し、「各人は、真実についてのそのときどきの自分の知識と確信にしたがって、真実を語るべきである」とする。しかしこうなると、この命題はもう無条件なものではなくなってしまう。

こうして、健全な理性の語る命題は、決して「絶対的な人倫の法則」を表現するものではなく、いたずらに当為を要求するだけのものであることがわかる。そもそも、単一な実体のもつ普遍的で絶対的な内容を「無媒介に」言い表すことは不可能だったのだ。

だから理性は、具体的な内容を言明し立法することを断念する。残されているのは、もろもろの命令を、それが自己矛盾しないかどうかという「形式的な普遍性」の点から吟味することだけである。立法する理性は、命令を審査する「査法する理性」へと格下げされる。

c　査法する理性

無矛盾性という尺度

真に普遍的なものは「存在し妥当するところの実体」であった。われわれはこの実体と立法されたものとを比較して、後者の不十分さを指摘したのだった。しかし査法する理性は実体との関係から離れて、なんらかの命令の内容が矛盾を内に含まないかどうかだけを考察しようとする。しかしこの無矛盾という尺度は、まさにそのゆえに正反対の内容をも受け入れるものであって、尺度としては通用しえない〔これもカント批判〕。

たとえば、「私有財産があるということは絶対に法則たるべきかどうか」という問題についていえば、この命題における私有財産は、実体から引き離された「孤立化された規定」である。しかし孤立させれば、私有財産のないこと・持ち主のないこと・財産の共有、などの異なった立場のすべてが自己矛盾しなくなる。無矛盾性による査法は、成り立たないのである〔以下、ヘーゲルはさまざまな例を挙げているが、煩瑣なので省略する〕。

ギリシャの人倫的心情へ

こうして、法則の定立も、法則の検査も空しかった。実体から離れて孤立した法則を求めたために、立法は「恣意を法則となす暴君の傲慢」に、査法は「絶対的な諸法則から離れて自由に屁理屈《へりくつ》をこねる知の傲慢」になってしまったのである。そのことに気づくと、双方は互いに止揚しあい、意識は実体のうちに還帰する。そして自己意識は人倫的実体をそのまま意識化したものとなるのである〔自立的な内面をもち掟の正当性を確かめようとする近代的な個人ではなく、ただ人倫的な掟を素朴に信じて行為する個人となる〕。

〔☆⇓章末解説〕

ここでの「事そのもの」という理念および制度性は、理性の最終的な結論と言ってよいものであって非常に重要な箇所である。いくつかコメントしておきたい。

「事そのもの」と言うとき、まずは芸術・学問といった文化的な表現の領域を考えてよい。音楽や文学の何かの作品に出会って「これぞほんものだ！」と思う、そんな経験を皆さんもしたことがあるだろう。「事そのもの」とは、そのようにして信じられる「これぞ文学（文学そのもの）」「これぞ落語（落語そのもの）」などのような、理念を指す。プラトン風にいえば、文学のイデア、落語のイデアと言ってもよい。もっとも、「事そのもの」は天上にあるものではなく、さまざまな作品がつくられ人びとがそれらを享受し批評しあう、そういったプロセスのなかで信じられるようになるのだが。

つぎに注意しておきたいのは、ここでの行為と作品はきわめて広く用いられているので、「事そのもの」には、狭義の表現の領域を超えて「ほんとうの教育」とか「ほんとうの看護」といったものも含まれる、ということだ。ポイントは、さまざまな試行と相互の批評が生き生きとおこなわれることによって、なにかしら「真実なもの」が人びとのあいだに信じられるということにある。

そしてこうした経験は、他者や制度に対する感度を変える。他者はどちらが上位にいくかを競うものではなくなって（赤裸々な承認の競争や主奴関係ではなくなって）、ともに「真実なもの、真に意義あるもの」を求め実現しようとする仲間としての意味をもつようになる。私が評価されたいという気持ちはなくならないが、ただ評価され褒められることが目的ではなく、「自分がよい仕事をしたことを承認され評価されたい」へと変わる。

文学や教育などの制度も、事そのものを実現しようとする個人にとって外在的なものではなくなり、自身の試行と批評を支えるものという意味をもつようになる（もちろん、制度を批判してはいけないということではない。事そのものの経験は、制度が、さまざまな試行や批評を許し「事そのもの」の実現へ向かうものになっているかどうかを検証する姿勢と結びつくだろう)。

こうした「事そのもの」の思想を、ヘーゲルなりの「ニヒリズムへの対抗策」として受け取ることができる。彼は、自由の危険性をよく知っていた。共同体から切り離された自由な内面をもつ個人が不安や孤独におびえたり、どこにも真実なものなどないと思い絶望してしまう、そういう危険をよくわかっていた。しかし、もし個々人の自由な試行と批評とが、真実なものへの「信」をもたらすものとなるならば、自由を否定する理由はなくなる。自由が美しい果実をもたらす可能性をヘーゲルは描いたのだ。

この理性章の末尾の「事そのもの」の箇所は、精神章の末尾の「良心」の箇所とともに、精神がもっとも深くみずからの自由を自覚したあり方として読むことができる。

第四章　精神

竹田青嗣
西　研

西研

〔☆⇓〕前章の「事そのもの」が語られるさいには、芸術や学問における「真実な仕事」または何かの「公共的な意義あること」を自覚的につくりだすような意識が念頭におかれていた。これは理性の最高の自覚の段階であってきわめて近代的な意識といえる（西の意見としては、この「事そのもの」の自覚の箇所は、精神の章の最高段階である「良心」と表裏一体のものとして読むべきものだと思う）。しかしこの精神章の冒頭では、この事そのものが、個の自覚をもたない古代ギリシャのポリスの生活に接続される。ここに大きな違和感を感じる方もいるかもしれない。

この点については、一つの解釈だが、つぎのように考えてはどうだろうか。――事そのものにおいて、自他が深くつながりともに社会制度をつくりあげていることが自覚された。こうして意識は単なる個的意識でなく、共同的な精神としてあることがわかった。そこで哲学的観望者である「われわれ」が、この共同的精神の最初の素朴な形態を歴史のなかに求めると、それは古代のギリシャのポリスということになる、と。

つぎに、この「精神」とは何か、ということをあらかじめ解説しておこう。「個人の意識は絶対的な存在ではなく、じつは共同的な精神のうちにあり、共同的な精神から分かれたものである。共同的な精神こそが絶対の存在である」。これが精神というものの基本的なイメージである。第二に「ある時代の精神はそれに対応した社会制度をもつ」。つまり精神を「ある時代の集合的意識＋社会制度」と考えてよい。第三に「精神は歴史において自己を展開する。つまり、さまざまな意識と社会制度とを生みだしていくが、最終的には、精神が自己自身を自覚するところに行き着く」。この精神の自覚の最終的な形態が「良心」であり、それが事実上の「絶対知」となる。

ここだけを見ると、「そもそも精神なんてものが自己運動するのか？」「歴史に最終目的があるなんて信じられない」というような、さまざまな疑問が浮かぶだろう。まずは、精神というものを想定したことの「利点」について述べておこう。

個としての意識を考えるだけでは、意識が特定の時代や社会制度と結びついていることがわからない。時代の精神というものを想定することによって、ある時代における意識と制度とを全体として捉えようとすることができる。ヘーゲルは、以降の精神の章において、ギリシャ・ローマ・近代（信仰と啓蒙）・フランス革命・カントの道徳説などを取り上げているが、ヘーゲルは入手可能なさまざまな資料を消化吸収したうえで、それぞれの時代の精神を明らかにしようと試みている。そのつかみ方は——もちろんさまざまな反論は可能だが——鋭く深く、興味深いものだ。

つぎに、特定の時代の理解というだけでなく、哲学の構想という点でも、精神の想定には大きな意味がある。哲学を「さまざまな人間的な経験について、それらの意味を深く理解しようとする学問」と定義してみるとする。そのとき、自然、他者、自己、神、社会制度などについての人類のきわめて多様な経験をバラバラなままに放置するのではなく、それらをすべて「同じ一つの精神のなす経験」として考えてみる。そうすることによって、さまざまな経験を内在的に理解し、それらの相互のつながりを再構成しようとする学問、というものが構想できるだろう。『精神現象学』は、まさしくそのような構想にもとづいたものである。つまり「精神」とは、「きわめて多様な人間の経験はまったく孤立したものではない。必ずそれは内在的に理解されうるし、他の経験ともつながりをもつものとして考えることができる」というヘーゲルの確信を表す言葉なのである（ちなみに、フッサール現象学も、あらゆる人間的な経験をとりあげてその意味を内在的に理解しようとする学問として構想されたものであり、『精神現象学』ときわめて近いモチーフをもっている。しかしフッサールはヘーゲルをほとんど読んでいず、直接の関連はない）。

※

とはいっても「精神なるものがまずあって、それが歴史的に展開し、ついに自己自身の自覚に達する」という歴史観については、何か妙な神学的なものを感じる人もいるにちがいない。よく知られているように、マルクスは「精神は自律的に運動するのでない。歴史を動かすのは経済、つまり生産力と生産関係との矛盾だ」と批判している。精神を「根源実在」とみなしてその自己展開を考えるという構想には、〃究極原因〃を求めようとする点で、一時代前の形而上学的思考と言わざるをえない面がある。

しかしヘーゲルは、いったい何のためにこの精神の歴史を描いたのだろうか？

それを一言で言えば、「近代的な自由な主観性の成立に伴う共同性の喪失と、その自覚的な再構築」と言ってよい。父祖伝来の土地を耕して生きる、というような近代以前の共同体の生活においては、例えば長男は家を守るというような役割が定められ、それを人は生きていく。そこでは自由に思考する主観性（内面をもつ個人）というものは成り立たない。しかし市場経済の進展と都市の成立とともに、人びとは職業選択の自由を獲得し、「この人生を私はどうやって生きようか」と自らに問う「自由な個人」となる。この自由な個人は、しかし、不安な個人でもある。自分が生きるべき価値を見失ったり、他者や社会とどう関係をもってよいかわからなくなる。共同体における安定したつながりは失われてしまう。

また、個人の自由な思考は「何が正義か」についてのさまざまな考えを生みだす。絶対化された正義の信念が衝突し、殺し合うことも起こる。ヘーゲル自身も、フランス革命時の信念対立とテロリズムを間近に見ていた。『精神現象学』には、市場経済の成立から自由な主観性が生まれるという話は直接には書かれていないが(『法の哲学』には書かれている)、ヘーゲルが念頭においていたのは、明らかに〈共同体から切り離された個人は、他者や社会との関係をどうやって結び直せばよいのか〉という問題であった。

精神の章は、大きく三つに区分されている。「真実な精神」「分裂した精神」「自己確信的精神」である。この区分は、無自覚な共同性→自覚的な個の出現と共同性の喪失→個が自覚的に共同性を実現する、というストーリーになっている。ヘーゲルは、自由な主観性の成立は他者や社会との安定した関係の喪失でもあるが、それは同時に、他者や社会との関係を自覚的につくりだす契機にもなる、と考えていた。そして、自覚的な共同性の実現の一つの頂点が理性の章末尾の「事そのもの」であった。もう一つの頂点が精神の章の末尾の「自己確信的精神」の「良心」なのである。

つまり、このストーリーで問題になっているのは、「自由のゆくえ」なのだ。ヘーゲルは『精神現象学』の最大のテーマとして近代の自由のゆくえを語ろうとしている。そういうつもりで、この精神の章を読んでみてほしい。

VI　精神

歴史の主体としての精神

「事そのもの」において、諸個人は、自分が制度に支えられて生きており、かつ、他者とともに制度をつくりあげているという自覚に達する。他者や制度は自分にとって外在的なものではなくなる。こうして、個としての意識はそれだけで成り立っているものではなく、他者や制度と不可分な仕方で存在していることがわかってきた。

そこで、個としての意識が主人公であったこれまでの「意識経験」の歩み（意識→自己意識→理性）に代わって、これ以降は、共同的な意識である「精神」が主人公となる。精神こそが『**自分自身を支える絶対的で実在的な本質**』（314, 239）であって、これまでの意識の諸形態（意識・自己意識・理性）は、すべてこの精神から抽象されたものであり、もともとは精神のなかにその根拠をもつものだったのである。

　さて、精神は意識の諸形態であるだけでなく、「世界の諸形態」（歴史的な具体的な社会制度）でもあり、歴史のなかで展開しつつみずからの本質を自覚していくものである。そこには、大きく言ってつぎの三つの段階がある。
①真実な精神──精神はまず、直接無媒介なあり方として一つの民の人倫的生活の姿をとる（古代ギリシャのポリスの生活）。そこでは、個人と全体は美しく調和しているが、その調和は無自覚なものであって、そこには内面をもった個の意識が存在していない。この個の意識が目覚めることによって人倫的生活は崩壊し、個の意識は「権利」（ローマの市民権）という仕方で保証されるものの、世界と個人とは疎遠なものとなってしまう（ローマ時代）。
②分裂した精神（自分から疎遠になった精神）──ここでは、個人と世界とは疎遠なものとして対立する。世界も、此岸の「教養の国」と彼岸の「信仰の世界」とに分裂する。この分裂は、一切を概念的に把握しわがものにしようとする近代理性（啓蒙）によって克服されていくが、それは「フランス革命」として具体的な現実世界の変革を引き起こすことになる（封建制・絶対君主・フランス革命）。
③道徳的世界観（自己確信的精神）──ここでは、自分の本質を社会制度のような自己の外にあるものに見出すのではなく、自分の本質を自己の内側にもつ精神の形態が登場する。

道徳性（カント）や良心（ドイツのロマン主義者）がそれである。良心において、この精神の内的自覚は最高の段階へと到達する。

A　真実な精神　人倫

この人倫の世界（ギリシャ）において、精神は大きく普遍態と個別態とに分かれる。普遍態のほうは、国家共同体（ポリス）の掟であり「人間の掟」と呼ばれる。個別態のほうは、家族（オイコス）の掟であり「神々の掟」と呼ばれる。自己意識もそれぞれに振り分けられて、男は「人間の掟」と一体化し、女は「神々の掟」と一体化している。ここには、掟の正しさについてあれこれ考えるような、まったくの個人（「この自己」）は存在しない。自己意識は掟と一体となっているのである。

この二つの掟は、互いに補いあって全体として美しい調和をなしているが、しかし、男も女も、二つの掟のこの相補性を自覚していない。だからこそ、ソフォクレスの悲劇『アンチゴネー』に見られるように、二つの掟をそれぞれ担う男女が対立し、争ってともに滅びていくことも起こる。この無自覚こそがギリシャの人倫的調和を解体させる根本の原因だが、この没落と解体は「この自己」の自覚を生みだすことになる。

a　人倫的世界

人間の掟と神々の掟

男性である市民たちは、国家を自分たちの本質とみなし、自覚的に国家をつくりあげようと努力している。そこでの法律と習俗、国家権力の発動つまり統治とが、「人間の掟」と呼ばれるものである。これは国家全体に関わるという意味で普遍的な掟であり、かつ、よく知られているという意味で顕在的な昼間の掟である〔後に出てくるが、人間の掟のなかでもっとも重要なものは祖国の防衛である〕。

このような国家と人間の掟に対して、他方に家族と神々の掟とがある。家族も国家共同体と同じく、やはり「人倫的な本質」をもつが、そのあり方は対照的である。それは「内的な隠れた」ものであり、法律とちがって無自覚なものであり、家族員のそれぞれに関わるという点で個別的なものだからである。では家族の人倫的本質とは、そもそもどこにあるか？

子どもを国家の市民として育て上げること、とも考えられるが、しかしそうではない。

これはむしろ人間の掟に関わることだからだ。そうではなく、家族固有の人倫的本質とは、家族の成員を「埋葬」する義務である。つまり、死んだ家族を放置して腐らせるのではなく、火葬し埋葬して祖霊の一員に加えることこそが「神々の掟」である。そしてこれは、もっぱら女性が担うものである。

二つの掟のつながり

ふたたび国家に目を戻してみよう。国家には、拡散と収斂《しゅうれん》、という二つの面がある。国家は一方で拡散をゆるし、その内部には、さまざまな種類の労働の諸集団のような、相対的に自律的な体系がつくられる。

しかし、統治においては国家共同体は「個体 Individualität」(分かちえないもの)となり、「一」へと収斂しなくてはならない。『**統治は時おり、戦争によってこれらの体系をその心底から震駭し**(中略)(防衛という)**課せられた労働において、彼らの主人であるところの死を実感させせなくてはならない**』(324, 246)。戦争は、国家があってこそふだんの私的な幸福が可能になっていることを成員に思い起こさせる。みずからの死を覚悟で戦いに赴くことこそ、国家の市民としての、つまり人間の掟の、最大の義務なのである。

しかし他方で、戦って死んだ者を弔い、祖霊のなかに加えるのは神々の掟なのである。

だから国家は、その威力の支えを家族と神々の掟においてもっているのである。〔⇓〕死を中心に国家と家族の役割を整理してみる。国家は成員が死なないようにその安全を配慮するもの（外敵からの防衛、また内部の争いの平和裡の調整）である。だから戦争のときには市民は死を賭して戦わなくてはならない義務がある。もし戦って死んだとしても、家族が死者を冥界に入れてやる。——こういうつながりなので、死者の弔い＝神々の掟が働かないならば、国家もまた力をもちえない。

男と女

神々の掟についてもう少し詳しく検討してみよう。そもそも家族のなかで「人倫的な関係」と言いうるのは、妹兄（または姉弟）の関係である。妻と夫の関係には欲情という自然性が伴い、親子の関係には対等な承認関係が欠けているが、妹兄の関係は相互に自由な関係だからだ。『**女性は妹として人倫的本質について最高の予感を抱く**』（325, 247）。だから妹にとって兄の存在はかけがえのないものなのである。

男は成長すると家族を捨てて国家の市民として活動し、人間の掟を実践することになる。女は家にとどまって家を主宰し、神々の掟の守り手となる。こうして両性という自然的なものが、人倫的な意義を帯びることになる。そして国家と家族という二つの領域は、

「婚姻」、すなわち両性の結婚によって結びつけられ統一されている。

このように人倫性が性という自然性をまとうのは、ギリシャの人倫的精神においては実体(社会制度)と自己意識との統一が無自覚なままであり、それに伴って、二つの掟のつながりも無自覚なままだからである。この無自覚こそが、ギリシャの美しい調和が滅んでいく原因となる。

b 人倫的行動 罪責と運命

悲劇『アンチゴネー』

〔⇓〕この部分を書くさいに、ヘーゲルはソフォクレスの悲劇『アンチゴネー』を下敷きにしているので、その内容をざっと紹介しておこう。

テーバイ王オイディプスには四人の子供があった。兄のポリュネイケス、弟のエテオクレス、アンチゴネーとイスメネの妹たちである。しかし兄と弟とはどちらが国王となるかをめぐって争い、その結果、兄ポリュネイケスはテーバイから追放される。ポリュネイケスはアルゴスの軍勢を率いて舞い戻り、テーバイを攻める。そして兄弟は争ってともに果てる。

妹アンチゴネーは、兄ポリュネイケスを埋葬しようとするが、王位についた叔父クレオンは、反逆者であるポリュネイケスの埋葬を決して許さず、アンチゴネーはついに自害してしまう。そのアンチゴネーの婚約者だったクレオンの息子ハイモンも自殺し、ハイモンの母でありクレオンの妻であるエウリュディケも自殺してしまう。

二つの掟の衝突と、双方の没落

人倫的世界には、みずから判断し選択する自由な主観性、つまり「個」というものが存在しない。ここでの意識は、自由な「人格 Person」ではなく、自己と掟とが一体化した「性格 Charakter」（キャラクター、劇の役柄）なのである。意識は二つの掟があることを知ってはいても、自分がどちらに与するかはあらかじめ決まってしまっている。

そこで、それぞれの掟に属する者が対立し争うとき、正義は自分の側にこそあり、相手はまったくの不正であると見える。神々の掟に属するほう（アンチゴネー）は、相手に「人間的な偶然的な強権の発動」を認め、人間の掟に属するほう（クレオン）は、相手に「内面的な対自存在の我意と不従順」を認めるのである。

だから、それぞれの意識は自分にとって明らかな掟を断固として遂行する。しかし、両方の掟は内的に結びあっているのであり、一方を果たし他方を侵害するならば、侵害された本質は復讐を要求して迫ってくる。そして予想もしなかった悲劇的運命が結果してくる。しかし、行動することのうちには『**真実の正義であるのではないような、いかなる本質にも現実が与えられることはない**』(336, 255) ということが含まれている〔人が行動して自分のめざすものを実現しようとするさいには、正しいことだけが現実となるはずだと思っている〕。だから最終的には双方とも、相手のおこなったことを正義として承認し、自分の罪責を承認せざるをえなくなる。

我ら苦を受くるの故に、我らの過ちしを我らは承認《うけが》う。

（ソフォクレスの『アンチゴネー』からの自由な引用）

しかしこの承認によって、意識は素朴な人倫的な「性格」としてのあり方を失い、没落することになる。

女性と個別性の原理

〔⇓〕ギリシャ世界の没落は、二つの掟の相互の連関が自覚されていないことによると今まで述べてきたが、さらに、別の見方をすることもできる。つまり、個別性の原理を国家が押さえ込めない、という点である。

男が主宰する国家は、女が主宰する個々の家族の自立化と個別化（それぞれの家族の私的な利益追求）を食い止めることによって、成り立っている。つまり、人びとにひたすら公的な国家のことを考えさせようとする必要がある。

しかし国家は、自分にとって本質的なものでもある女性一般において、獅子身中の虫を見出す。女性は**『国家共同体の永遠のイロニー』**（340, 259）なのである。女性は、若者をそそのかして、統治という普遍的なものを私的な利益追求の手段にしようとするからだ。母は息子を、姉妹は兄弟を、娘は結婚相手となるべき青年を利用する。そして国家も、未熟な若者の力を、戦争のさいに全体を支える力として承認せざるをえない面をもっている。

こうしてみると、ポリスが存続するかどうかは自然の力や幸運にもとづくものであって、いずれは没落せざるをえない。実際、美しいポリスは没落し、ローマという「普遍的な共同体」に呑み込まれていくことになった。

〔⇓〕なぜギリシャの美しい共同体は滅ぶのか。基本的な論理は二つあった。①二つの掟の連関が無自覚なままであり、いったん対立すると調停の原理がないこと。②ポリスには個別性の原理が存在しないが、決してこれを抑圧しつづけることはできないこと、である。さらに補足すれば、この二点はつながってもいる。「個」つまり「自由な主観性としての自己」の自覚が生まれることは、いったんは素朴な美しい共同体の調和を解体することになるが、こうした自由な主観性こそが自分と掟との関係を「自覚的に」担いうるからだ。自由な主観性によって全体と個との調和が自覚的につくりだされる、という地点に向かって、精神の歴史は進展していくのである。

c　権利状態（法的状態）

対等な権利の承認

全体と個が美しい調和を形作っていたギリシャのポリスは、巨大なローマ帝国に呑み込まれる。しかしローマ帝国は「精神の欠けた共同体」であり、個々人は全体との生き生きとした調和・統一を実感することができない。

ここでは個々人に市民権が与えられ、対等な権利をもつ「人格」として承認されている。つまり個々の自我が「絶対に存在する本質」として妥当することになる〔以前には存在しなかった「個」が認められるようになった〕。しかしこの個人は以前のような「実体に溶け込んだ自己」ではなく、「つれない冷酷なこの自己」としてあるにすぎない。つまり、自己意識はバラバラの個人になっていて、他者や共同体とのつながりを実感できないのである。

ストア主義、スケプシス主義との対応

「自己意識の自由」のところでストア主義が取り上げられた。これは、王座にあろうと奴隷であろうと、どんな状況においても「我＝我（われはわれである）」という自立性の意識を得ようとする自己意識だった。しかしこの自由は単に内面におけるものにすぎず、実際には「現実からの逃避」でしかなかった。

このようなストア主義的意識の、現実的・社会的な背景となっていたのがこの「権利状態」である。なぜなら、自己意識は権利をもつ人格としては承認されているが、現実に貧しいか富んでいるかは権利の外にある。内面的には自由でも現実には無力なストア主義は、この権利状態と対応している。

「自己意識の自由」のところでストア主義はスケプシス主義に移行していったが、これはストア主義とちがい、積極的にあらゆる現実に関わってそれらすべてを仮象とみなし、そうすることで、何物にもわずらわされない自立性を達成しようとするものだった。しかしそこには、否定するものを必要とするという矛盾があった（「スケプシス主義は、何かを否定することによって自分の自立性を保つものなので、否定するものがなければ自立性は保てなくなる」）。

この権利状態においても、意識は現実に出て行って多様なものを占有し、それを「所有物(自分のもの)」にしようとする。しかしこの「所有」は形式的な刻印にすぎず、その内容〔実際にどんなものをもっているか、豊かか貧しいか〕には無関係である。この世界においては、実際の内容である富と力はすべて「世界の主人」であるローマ皇帝に属しており、権利の意識は、皇帝の恣意にさらされる無力なものでしかない。『**それゆえこの権利の意識は、自分が現実的に妥当するというまさにそのことにおいて、むしろ自分の実在**(リアリティ)**の喪失とまったくの非本質性とを経験する**』(345, 262)。

世界の主人と臣民

世界の主人である皇帝は絶対の威力をもち、もろもろの人格性のアトム(バラバラの個人)をまとめあげている。そして、臣民たちに対して破壊的な権力をふるうことによって、自分の威力が絶対だと実感する。

しかし世界の主人も、実際にはその力を臣民たちから得ているので、結局は無力なものとなってしまう〔皇帝の権力は臣民たちがそれを承認することによって成り立っているので、実際には臣民が皇帝を操ることも起こってしまう〕。

こうして人格性が経験するのは、自分が実体を欠いたものだということである。自己は権利状態において普遍的に妥当するという現実性を得たが、それはそのまま「自分から疎遠になった実在性」にすぎなかった〔こうして、「B　自分から疎遠になった精神　教養」へとつながっていく〕。

B　自分から疎遠になった精神　教養

自己と世界、此岸と彼岸が分裂した世界

ギリシャの人倫的世界においては、意識はその本質（国家共同体及び家族）と深く結びついていた。しかし、ローマの権利状態の精神においては、意識はバラバラの個人となり、その世界も意識にとって疎遠なものとなってしまった。権利をもつ人格は、実体を欠いたものであり、諸元素（国家権力と財富）にもてあそばれるものでしかなかった。

しかしこのような世界もやはり、われわれ（哲学的観望者）から見れば意識がつくりだす「作品」であって、「存在（客観）と個体性（主観）との相互浸透」が成り立ってはいる。そして国家権力や財富もじつは意識の運動によってつくりだされているのだが、しかし意識

はそのことを自覚してはいない。

現実世界において、自己と世界とはこのように互いに疎遠になって対立している。さらに、この「現実の国」(此岸)に対して、「純粋意識の国」(彼岸、信仰の世界)が対立している。精神は自己と本質との統一であるはずだが、意識は此岸においてその統一を見出すことはできないので、むしろ彼岸においてその統一を見出すのである。

こうして、「B 自分から疎遠になった精神 教養」においては、①自己と世界とが相互に疎遠であるだけでなく、②此岸と彼岸とが相互に疎遠になっているのである。

「自分から疎遠になった精神」のあらすじ

この現実世界において、意識は自己と世界との分裂を克服しようとする。そのために、意識は自然のままの自己(生まれつきの素質や性格)を放棄して、国家権力や財富を獲得するのにふさわしい人物になろうとし、最終的にそれらをわがものにする。その結果、国家権力や財富も、自分たちがつくりあげているものでしかないとわかってくると、それらに真の価値を認める必要はないと考えるようになる。こうして、みずから進んであらゆる事柄を洞察しようとし、そして価値ありと認めたもののみに従おうとする新しい姿勢が生まれてくる(1自分から疎遠になった精神の世界・a 教養とその現実の国)。

この意識の態度は「純粋洞察」(金子訳では純粋透見)と呼ばれるが、これは、あらゆる自体存在(意識と関係なくそれ自体として存在するもの、具体的には、事物や社会や神)を、対自存在(自分にとって理解しうるもの)へと転換しようとする姿勢、つまり近代理性である。そしてそれはまず、信仰を批判するところからスタートする(1のb信仰と純粋洞察)。

純粋洞察は「啓蒙」となって信仰を批判するが、その批判は最初は浅薄であり、信仰のうちに「絶対本質」へと向かう要求があることを無視している(2啓蒙 a啓蒙の迷信との戦い)。しかし啓蒙は最終的には、絶対本質への要求を人民の「一般意志」というかたちで自己のなかに取り込んでいく(2のb啓蒙の真理)。そして「一切は人民のためにある」という思想からフランス革命が勃発し、此岸と彼岸との分裂も解消されていく(3絶対自由と恐怖)。

〔⇓〕Bの進行はやや複雑なので、以下に目次を示しておく。

B 自分から疎遠になった精神 教養
　1 自分から疎遠になった精神の世界
　　a 教養とその現実の国
　　b 信仰と純粋洞察
　2 啓蒙

1 自分から疎遠になった精神の世界

a 教養とその現実の国

教養は個人を妥当させ、実体を現実化する

自己意識は、自然な生まれつきの自己を外化放棄し（sich entäußern）、自分から疎遠になる（sich entfremden：以前は「自己疎外する」と訳されることもあった）ことによって、国家権力や財富をわがものにすることができる。この自然な自己の外化ないし疎遠化が「教養」（Bildung：自己形成ないし自己陶冶のこと）と呼ばれる。

個人は教養をつみ、自然的自己を外化すればするほど現実性と力を得て、「ひとかどの人物Etwas」になることができるのであり、自然的自己そのものはつまらないものにすぎない〔ここでの教養をつむというのは、権力を獲得するゲームや、財富を獲得するゲームに参加しうる力能を身につけることを意味する〕。

そして、こうした自己の外化放棄は、実体（国家権力や財富）の側から見れば、実体を現実化するものでもある。つまり、現実の威力であり実体である国家権力や財富も、じつは個々人の行為によって生きているのである。このように、教養の営みがさかんにおこなわれる現実世界は「教養の国」と呼ばれる〔以後、自己意識が国家権力と財富を獲得しわがものにしていくプロセスが語られていく〕。

国家権力と財富、善悪の判断

ところで精神には、自体存在（普遍性）と対自存在（個々人の私的利益）という二つの契機がある。そして現実の威力としては、国家権力が自体存在の契機に相当する。なぜなら、国家権力は持続的な不変なものであり、つねに普遍性を配慮するものだからである。そして、もう一つの威力である財富は個々人を養うものであるから、対自存在の契機に相当する。

しかし、自体存在と対自存在の二つはともに精神の契機であるから、まったく別々なものではない。国家権力という自体存在の契機は、最終的には個々人の私的な利益を生みだすことが目的であり、その意味で対自存在に転換する。そして財富という対自存在の契機も、国家全体の財富としてみれば、国民全体を養う普遍的な意義をもつのである。

しかし意識はそのことを知らないので、自分のなかで何を善の尺度とするかによって、国家権力と財富に対する一面的で勝手な判断をつくりあげることになる。そこには四つの類型が考えられるが、特にどちらも善とみなすのが「高貴な意識」、どちらも悪とみなすのが「下賤な意識」と呼ばれる。

①対自存在を善の尺度とする――カネは個人を利するので善だが、国家権力は個人の自由や利益(対自存在)を抑圧するので悪である。

②自体存在を善の尺度とする――カネは個人を利するだけなので悪だが、国家権力は普遍性を志向するので善である。

③高貴な意識――カネは対自存在(私的利益)から見て善であり、国家権力も自体存在(普遍性)から見てやはり善である。

④下賤な意識――カネは自体存在(普遍性)の観点からみれば不変な持続的な価値がないので悪であり、国家権力は対自存在(私的利益)を抑圧するので悪である。

意識はこのようにさまざまに判断するが、国家権力も財富もそれぞれ自体と対自の両契機を備えており、さらに自己意識自身もやはりこの両契機を備えていることを自覚していない。この「教養の国」での意識の経験は「高貴な意識」からスタートするが、意識と実体とが関わりあう教養の経験のなかで、意識のなかの自体と対自という両契機が働きだす。その結果、高貴な意識は下賤な意識となり、自体としての国家権力を対自としての財富へと変貌させていくことになる。国家権力と財富、高貴と下賤、善と悪などの諸区別は、最初は固定的で絶対なものと思われているが、経験の進展は、この固定的な区別を解体していくことになるだろう。

高貴な意識の「奉公のヒロイズム」

〔⇓〕ここでは、封建制の時代を念頭におくとよい。誇り高き封臣（封建制における家臣）たちが国王と国家権力に献身しようとするようすを思い浮かべてみよう。

さて、意識の教養は、高貴な意識からスタートする。高貴な意識は、具体的には「誇り高き封臣」である。彼は国家権力が自分の本質であり目的であると意識しているから、自分だけの特殊な目的を否定する「奉公のヒロイズム」の態度をとる。

高貴な意識は、この「国家権力は本質（善）である」という判断と自発的な自己犠牲とを介して（判断と自己犠牲を「媒語」とすることによって）、国家権力と推理的に連結される〔「推理」とは三項連結を意味する。中央の項目が両端の二項目を媒介するものとして「媒語」と呼ばれる。ここでは、高貴な意識—自己犠牲—国家権力、という推理となる〕。そうすることで、単なる普遍的な思想にとどまっていた国家権力が、現実的で実効性をもつ権力となる。他方で意識も、このような自己犠牲（教養）によって自分自身に対する尊敬と他の人びとからの尊敬とを獲得する。彼は「名誉」を享受するのである。

ところが高貴な意識は、自分の私的利益を完全に放棄したわけでなく、国家権力もまだ独自の意志をもつもの、すなわち絶対権力をもつ君主（絶対君主）になってはいない。高貴な意識が「公共の福祉」のために「忠言」をおこなうとしても、腹のなかに「自分だけの特殊な福祉」を隠しているかもしれない。

ではどうすればよいか？　真実の犠牲は「言葉」によっておこなわれるのである。

言葉の働き

対自存在（私的利益）を真実に犠牲にすることが求められるが、しかしこれは死であってはならない。「死におけるほどの完全な献身をおこないながら、しかも同時に自分を維持するような犠牲」が必要なのである。それは言葉によってはじめて可能になる。

なぜなら、言葉は自我をそのものとして純粋に表現し客観化するものであるからだ。行動や人相も当人の自我を表現するが、それは不十分である。言葉だけが自我を純粋に言い表すことができるのだ。

さらに、言葉は他者との共有と持続性とを生みだす。言葉は音としてはすぐに消失してしまう。しかし他の人びとに聴き取られることによって、自分のなかでの過ぎ去りゆく想いも普遍的な共有されたものとなり、持続するものとなるのである。

賛美の言葉＝追従の言葉

さて、高貴な意識は「賛美の言葉」、実際には「追従の言葉」（おせじ）を君主に贈る。つまり君主に特別の「名」を与えてひれ伏すのである〔重厚な封臣は軽薄な宮廷貴族となって、「あなたは太陽王ルイ一四世です、あなたのおっしゃることならばどんなことでも私は従います」と呼びかける〕。これこそが、言葉による「内的確信の外化放棄」であり、自己犠牲である。この言葉によって、抽象的なものにすぎなかった普遍的権力が「自己内還帰」して**『無制限の力をもつ単一支配者』**(365, 278)、つまり絶対君主が生まれることになる。

しかしこの絶対君主もまた、結果的には、高貴な者たちの食い物にされてしまう。なぜなら、君主の絶対の権力は、高貴な意識たちのなす賛美＝追従の言葉によって成り立っているものだからだ。こうして国家権力の実体は、高貴な意識たちのほうに移行してしまう。君主は力ある貴族の言いなりになり、その名は「空名」となってしまう。高貴な意識は、内的自己を外化放棄した代償として、さまざまな利益を取り戻すのである。

こうして国家権力は普遍的で持続的な自体存在であったはずなのに、実際には、高貴な意識のふところを肥やすだけの対自存在、つまり財富と変わらないものとなってしまった。国家権力は財富となってしまった。そして国家権力に忠誠を誓っていたはずの高貴な意識も、国家権力を私的利益のために利用する下賤な意識となってしまったのである〔こうして国家権力と財富、高貴と下賤という固定的な区別が成り立たないことがわかってきた〕。

富者（パトロン）と食客

国家権力は事実上、財富となってしまった。財富は自体存在としての本質（普遍性と持続性）を欠いているが、しかしこれも、人びとに広く分かち与えられることによって、普遍性を獲得し自体存在となることができるのである。こうして、恩恵を施す富者と、富者から養われる者（食客）との関係がとりあげられることになる〔ここではディドロの『ラモーの甥』が参照され引用されている。時代としても、フランス革命のしばらく前、ディドロやルソーが活躍したサロン文化の時代を想定するとよい」。

国家権力は最初は単なる「普遍性の思想」であって自己をもたなかったが、財富は自己をもつ。つまり、財富は一人の富者の姿となって、他の人びとが財富を獲得しようとすることをやすやすと許しはしない。それどころか富者は、財富が人びとの対自存在（私的な生存と幸福）の条件であって、人びとを支配する威力であることを充分に心得ている。富者は素朴な善意などではなく「高慢」であって、人びと（食客）を思うがままに支配し慰みものにしようとする。

対する食客の側の態度も、かつての封臣のように素朴なものではなく、「分裂」を含んでいる。たしかに彼は恩恵を施すものに感謝を抱くが、『**この感謝の精神は、最も深い屈辱感と最も深い反抗の感情を伴っている**』（368, 280）。なぜなら、この意識の自己（自分の生存のカナメとなるもの）は、ある疎遠な意志の権力の手中にあって、この意志の気まぐれに委ねられているからである。この意識は、やはり追従の言葉でもって富者から金をせしめるが、しかし同時に、この言葉は『**投げ捨てられている状態を投げ返す**』（369, 281）という反抗であって、食客を単なる玩具としか見ない富者の思惑を引き裂くのである。

分裂の言葉

この食客の意識は、分裂したものである。もっとも自己的なものがまったくの疎遠な他者に帰属するという、究極の疎遠化を彼は経験した。それとともに彼は、国家権力が財富でしかなく、また富者の善意なるものがまったくの欺瞞であることもよく知っている。彼が「自己」をとりもどすのは、この世のなかに何一つ確かなものはない、というこの洞察を語ることによってである。

彼の「分裂の言葉」は、あらゆる物事をとりあげては、そこに確かな根拠などなく、たえず反対物へと転換することを指摘する。国家権力は財富であり、財富は国家権力である。善は悪で悪は善であり、高貴は下賤で下賤は高貴である。こういったことを率直に語る分裂の言葉こそが、教養の世界の真理を言い表しているのである（『ディドロ作『ラモーの甥』が念頭にある。ボヘミアンであり金持ちに寄生する音楽家であるラモーの甥は、固定的な善と悪とを信じる誠実な哲学者に対し、固定的な善悪などなく、あらゆるものに実体が欠けていることを語るのである」。

しかしこの分裂した意識は、スケプシス主義がそうだったように、自分自身に満足できなくなる。彼は世界の諸事物の空しさを語ることで自分の知性の優越（機知）を示すが、しかしこうやって語ること自体も空しく感じられてくるからだ。そこで分裂した意識は

「自分自身についての、自分自身を超える嘲りの哄笑」となり、そこから「自分自身のうちへの二重の還帰」が生まれてくる。すなわち、「意識のこの自己としてのこの自己」へと向かう態度（純粋洞察）と、「意識の純粋な普遍態」へ向かう態度（神の国へと向かう信仰）とが生まれてくる。

〔⇓〕この教養の国での経験は、最終的に何をもたらしたのだろうか。基本的な流れとしてはつぎのようになるだろう。疎遠な威力である国家権力と富にもてあそばれている状態からはじまり、国家権力と富をわがものにしようとがんばる。↓そうやってわがものにしてみると、国家権力も富も絶対的な威力ではなく、手に入れたとたん変質してしまうようなものだった。↓最高度に教養をもった「分裂した意識」にとって、この現実の世界は、人びとが富や国家権力を求めて奔走し、しかしそれを手に入れたとしても結局確かなものを得ることもない、そうした巨大な喜劇のように見えている。およそこのようなストーリーになっている。

ところで、フランスの著名なヘーゲル研究家であるイポリットは、この分裂した意識は「革命前夜の魂の状態」であると言っていて、たしかに時代的にはそう言えるだろう。しかし、ヘーゲルの論理展開から見て、この懐疑的・ニヒリズム的な態度が必然的に導かれたとは言いにくいと思う。「対象世界にも意識の内部にも、自体存在と対自存在という二つの契機があって、その二つは切り離せないものであることに気づく」という方向のほうが素直かもしれない。しかしヘーゲルは、そのような結論ではなく、あらゆるものに固定的な真実などないという懐疑的・ニヒリズム的態度でもって締めくくっている。適切な解釈が難しい箇所だと思う。

b　信仰と純粋洞察

〔⇓〕この箇所の内容は具体的には、次の「2のa　啓蒙の迷信との戦い」において詳説されるので、内容を逐次たどることはせず、両者の特徴を指摘・解説するにとどめる。

信仰

どこにも本質というものがない現実世界から彼岸へと「逃避」して、そこに、純粋な思考からなる本質の世界をつくりあげるのが、「信仰」の態度である。これは「安らいだ肯定的な普遍態」、つまり「自体存在」を求めようとする動機から起こったものだ。

われわれ（哲学的観望者）から見ると、彼岸の世界の内容は現実の教養の世界のそれと同じであり、それは最終的には、精神のもつ三つの契機として理解されるべきものである。すなわち、国家権力と対応するのが「絶対本質」、すなわち単一で永遠な実体であり（父、自体存在の契機）、財富と対応するのが「自分を犠牲にする本質」であり（子、対自存在の契機）、さらに、そこから第一のものへの還帰（精霊、自体的かつ対自的）がある。

しかし信仰にとって、これら三つはそれぞれ異なったものである。そのどれもが精神の諸契機であって精神のなす必然的な運動であることは自覚されていない。だから、精神の運動は「出来事」として理解され、概念的には理解されず「表象」（イメージ）として語られるのである［神がイエスという人間の子として生まれ、人びとの罪を背負って十字架にかかり天に帰って行った、ということは、精神の三つの契機としてではなく、実際に起こった事実であるとされる］。

信仰する意識は現実を空しいものと思い、彼岸を真実と思っている。そして、信仰することで絶対本質と自分との統一を感じたいと願う。しかし現実生活のなかでそれを得る、つまりこの統一を実際に「直観する」ことはできないのである。

純粋洞察

信仰が、安らいだ「肯定的な普遍態」「自体存在」（信仰の対象としての神）を求めるのに対し、純粋洞察は「対自存在」を求める。つまり、あらゆる外在的な対象に立ち向かって、それを概念的に理解してわがものにしようとするのである。信仰の静止に対し、純粋洞察は運動と否定性とを特徴とする。

純粋洞察のほんらいの対象は「純粋自己」である。つまり、なによりも「自分が洞察し納得すること」を求めるのであり、一切を「自己」化しようとする要求をもつ〔純粋洞察とは、ただ世界の空しさを語ることをやめ、むしろ積極的に世界の実相を理解してそれを「わがもの」にしようとする自己意識であり、つまり近代的な理性のことである。次項では「啓蒙」と名を変える〕。

純粋洞察が求めるのは、個別的な自己ではなく「普遍的な自己」であり、だれもが納得するような普遍的な洞察を形作ろうとする。なぜなら、意識は教養の世界を経てもろもろの自然的な生得性を脱落させてしまい、さらに、エスプリに富んだ分裂した意識において、世界のあらゆる物事について普遍的に判断するすべを身につけたからである。

とはいっても、この段階では純粋洞察はまだまったく内容をもたず、純粋で普遍的な洞察を得ようとする「意図」でしかない。だからまずは、納得できないものに対してもっぱら「否定性」をふるう。そして純粋洞察の主要な敵こそ、神の実在を素朴に信ずる信仰なのである。

しかし、信仰も啓蒙も、じつは同じ精神のもつ二つの契機にすぎない。「絶対本質」を求めそれと一つになって安らごうという自体存在の要求も、あらゆる物事に対して「自分が納得したい」という対自存在の要求も、どちらも精神が本質的に備えている両契機なのである。しかし、この疎遠になった精神の世界においては、この二つは互いに疎遠なものとして現れ、争うことになる。

〔⇓〕どう生きてよいかがさっぱり分からなくなったときに、人はどういう態度をとるか。信仰と純粋洞察を、そのさいの二つの類型と考えてみるとおもしろい。現実の相対的な諸目的を超えた絶対の真実を彼岸に求めるか、それとも、自分でもって考え納得したい、納得できないことになど従わないぞ、という自分に重きを置く態度をとるか。人はその資質によってどちらかに傾くのではないだろうか。

2　啓蒙

竹田　青嗣

〔⇓〕「啓蒙」以降では、ヨーロッパ社会が古い王権体制を否定して現われた、宗教改革、啓蒙思想、自然科学、近代哲学といった一連の近代的思潮の展開が、ヘーゲル哲学の観点から描かれる。ヘーゲルはこれを、まず、近代の新しい「信仰」の運動と、近代的理性を基礎とする啓蒙思想のせめぎあいとして描き、つぎに、啓蒙思想の勝利と、そこから現われた三つの新しい世界観、「理神論」「唯物論」「功利主義」の展開として捉えている。

近代思想の重要な特質は、これまで強固に存在していた「聖なるもの」の権威が崩壊し、その代わりに、人びとはいわば世界の新しい「真実」を、合理的な理性を基礎として求めるようになるという点にある。ヘーゲルは、人びとが強く求める近代の新しい「真実」を「絶対本質 absolute Wesen」という概念で呼ぶ。これは精神章後半の最も重要なキーワードだが、ここでは、「絶対的な真実」「絶対的なほんとう」「ほんとう」などと呼びかえることにする。

a　啓蒙の迷信との戦い

「教養の世界」で、堕落した教会や権威の矛盾を自覚していた「ラモーの甥」的な批判の意識は、現実への通路をもたないために、矛盾に苦しむ「分裂の意識」のかたちしかとれなかった。しかし、やがて近代の思想は、まず、新しい〝真の信仰〟の運動〔伝統的なキリスト教ではなく、プロテスタントなど、近代の新しい信仰」の情熱として現われ、つぎに、世界の一切を、より理性的、合理的に認識しようとする啓蒙思想の運動、つまり「純粋洞察」（純粋透見）というかたちをとって登場する。

以後、しばらく近代思想は、この「信仰」と「洞察」の情熱の対立のドラマとして展開してゆくことになる。

「信仰」は、伝統的キリスト教会の腐敗に対する強い批判として現われた「神」に対する新しい信仰と思想を意味するが、「絶対的なほんとう」をまだ彼岸の絶対的存在として思い描いている。これに対する「啓蒙Aufklärung」（純粋洞察）は、ちょうどスケプシス主義がそうだったように、意識（理性）の「否定性の運動」、対象と自己とをどこまでも対象化し客観化する、という意識の運動の本質を自覚している点で、大きな優位をもっている。

重要なのは、近代においてはじめて人間は、この理性の弁証法的運動を最高度に開花させ、そのことで、世界をこのうえなく合理的で理性的な観点から認識しつくすような方法を見出した、ということである。

ただ、「信仰」が神に帰依する新しい思想として、いかに生きるべきかについての具体的な「ほんとう」の目標を作りだそうとしたのに対して、啓蒙思想はまだ自分の「ほんとう」の内実を形成するところまではいかない。それはさしあたり、「信仰」の信念を誤ったものとして批判することを通して、その思想を徐々に形成してゆく。

「信仰」の誤り

「啓蒙」によると、「信仰」の誤りはつぎのようなものだ。

・大衆……素朴に、蒙昧《もうまい》に、誤った信仰（迷信・先入見）を受け入れている。
・僧侶……自分たちだけが世界の真理を知っているとうそぶいて大衆をだましている。
・専制君主……誤った教義のうえにあぐらをかいて、自分たちの支配と安泰だけを図っている。

「啓蒙」は、直接、僧侶階級や専制君主を攻撃するのではなく、まず大衆の無知蒙昧を啓蒙すること、世界についての新しい理性的な「知識」を広げてゆくことで、教会や王権の権威を相対化するという戦略をとる〔ディドロなどを中心とする百科全書派がその代表〕。

こうして、「啓蒙」は「信仰」の考えと鋭く対立するが、ここで注意すべきは、「啓蒙」も「信仰」も、近代精神として世界についての新しい「絶対的なほんとう」〔絶対本質〕を求めているという点では同じだ、という点である。

この「絶対的なほんとう」は、「信仰」では〝彼岸の絶対者〟として表象されているが、「啓蒙」では理性による「世界の真理」の把握の情熱というかたちをとっているのだ。啓蒙思想には、自分の「知」は「信仰」の知をはるかに超え出ているという自覚と自負があり、その点に「啓蒙」の優位がある。

そもそも対象を理性的に洞察するということには、いくつかの本質が含まれている。第一は、人が自己と対象とのあいだの「関係の像」を客観的につかむということ、第二に、ここから、対象に対して何らかの行為や態度をとることによって、この「関係」自体を変えうる、ということ。

ところで、「信仰」が神に対してとる関係にも、潜在的にはそういう要素がまったくないわけではない。「信仰」者も、神に対して、「勤行」や「奉仕」という行為をおこない、そのことで自分を神により近づけようとしているからだ。とはいえ、ここでは、ほんとうは自分自身がこの「関係」を措定しているのだ、という自覚がないのである。

「啓蒙」の優位

「啓蒙」の決定的な優位は、「世界」を合理的に認識することを通して、人間と世界の関係自体、人間が作りだしたものであること、したがって、人は世界に何らかの仕方で〝働きかけ〟うるし、そのことで世界を〝変えることができる〟という自覚をもつ点にある。

ただし、「啓蒙」の信仰に対する批判ははじめはまだ十分本質的とは言えない面があるために、その批判は、信仰にとっては十分説得的なものとは言えない。

信仰に対する「啓蒙」の批判の要諦は、大きくつぎの三点である。

第一に、信仰は「彼岸の絶対者」としての神をやみくもに信じている。第二に、信仰の神の認識は、合理的な「根拠」をもっていない。第三に、神に対しておこなう信仰の「奉仕」は、無意味である。

まず「啓蒙」は、「絶対者としての神」、という「信仰」の観念を頭から否定する。「啓蒙」にとっては、「信仰」が十字架や聖杯などをあがめるのは、木や石にすぎないものを「ありもしない」絶対者と信じこむ救いがたい無知であり、蒙昧なのだ。

しかし、「信仰」からいうと、自分たちが木や石の像に見ているのは感覚的な物質なのではなく、それが象徴する「聖なるもの」「絶対的なもの」それ自身である。だから、「啓蒙」の批判を自分たちの本質をまったく理解していないものと感じる。

だがまた、「啓蒙」は、「信仰」の主張する神の実在についての根拠を徹底的に批判する。「啓蒙」からいうと、聖書だの奇跡などといったものは、何一つ実証的な証拠をもたない作りごとにすぎない。しかし、「信仰」にとっては、神についての「内的確信」こそが重要であって、その実在についての知的な証拠は些末なつけたしなのだ。

神への「奉仕」の意義という点についても同様で、「啓蒙」からは、「信仰」の一途な

「奉仕」や「禁欲」などは、無意味なものというほかはない。それらは人間が作った外的な形式へのこだわりにすぎず、救済という目的から見ても何の〝合理性〟ももたない。しかし、ここでも、「信仰」にとっては、この世の享受の欲望を克服しようとする意志こそ、「絶対的なもの」に近づく不可欠の道すじだから、この批判も十分には信仰に届かない。

b　啓蒙の心理

理神論・唯物論・功利主義

見たように、「信仰」に対する啓蒙思想の批判は本質的なものとは言えない点もあった。しかしそれでも「啓蒙」の優位は徐々に時代のなかで明らかになってゆく。そして「啓蒙」は、これまでのキリスト教的世界観に代わる、近代の新しい世界観を展開してゆくことになる。それは大きく三つ、つまり「理神論」「唯物論」「功利主義」という形をとる。

①理神論…「理神論」の考えは、キリスト教における「父なる神」という観念は否定するが、しかし「絶対者」(至上存在＝神)の存在自体は認める。理神論の神は、人間を愛し罰するキリスト教的な人格神ではなく、世界の「究極原因」としての至上存在を意味する。

それは、いわば、一切の規定性を超えた「ひとつの真空」（まったく規定されえない存在）として示される。

〔⇓〕理神論は、初期啓蒙思想の代表的形態。一八世紀イギリスで、宗教と理性の調停の試みとして現われる。スピノザの「世界＝永遠＝無限＝一なる神」説もその代表的な一つ。理性の合理的推論を追いつめると、至上存在としての神の存在はむしろ疑うことができないという思想。ヴォルテール、ニュートン、ルソーなども理神論者とされる。

②唯物論：つぎに現われるのが、究極的原因としての神を認めず、ただ目に見える「個々の事物」だけを絶対的な存在だとみなす「唯物論」である。

理神論が世界の原因や根拠といった観念を追いつめるのに対して、唯物論は、「感覚の確実さ」だけを認めて、観念それ自体の存在を否定する。

しかし、唯物論はまた、感覚の確かさから出発して、そこにつきまとう不確実なものをすべて排除したはてに、真に存在するものとしての「物自体」という観念に達する〔この頃の唯物論者としては、人間機械論のラ・メトリやドルバックなどがいるが、彼らには「物自体」の考えはない〕。

③功利主義：理神論と唯物論という二つの新しい世界観はしばらく対立しているが、ここ

からその矛盾を超え出るものとして現われるのが、「功利主義」（有用性）の思想だ。

ここでは、あらゆる事物は、一方で「自体的」に（それ自身として）存在すると同時に、他方で、「対他」としても存在する、とされる。つまり、物の存在には、それ自身としての存在のほかに、必ず他の存在「にとっての」、あるいは「～のための」存在、という側面がある、という考えである。

存在におけるこの「対他性」の発見は、必然的に「すべては有用なものとして存在する」という思想を生みだすことになるのである。

〔⇓〕ふつうヨーロッパで「功利主義」は、ベンサム、ミル以降のイギリス功利主義哲学の系譜を言う。しかしここでの功利主義がベンサムなどを意味しているかは不明。むしろエルヴェシウスなどの社会的合理主義やアダム・スミスの思想などを指しているかもしれない。

人間存在の新しい意味

さて、この三つの思想は、もともとは近代の新しい「存在思想」、つまり一体「存在」の原理は何かという思想として現われたものだった。理神論は、存在の究極原理として「神＝至上存在」を主張し、唯物論は、「感覚」と「物質」を主張した。しかし「功利主義」は、「存在する」とは「何かにとって有益、有用」だということだ、という主張である。

そして、ここでとくに重要なのは、この「有用性」の考えが、単に存在思想にとどまらず、人間存在や社会にも適用されてゆくという点だ。

まず、一切の事物、ことがらは、「人間にとって」有用性をもつという側面が強調される。すると、人間自身もまた、「誰かにとって」、あるいは「互いにとって」、有用な存在だということになる。こうして、人間存在の意味は、互いにとっての有用性にある、という観念が現われる。そしてここから、「社会」とは、個々の人間が互いに〝役立ちあう〟ものとしてその存在理由をもっている、という新しい社会思想が成立してくるのだ。

またここから、「宗教」でさえ、もはや絶対的な「聖なるもの」ではなく、人間をその苦しみから救うためのもの、つまり、人間にとっての「有用性」を存在理由とするものとみなされる。すると、「社会」はもはや「神の国」といった目的をもつものではないし、人間も信仰のために存在するのではない。人間は、互いの有用性のために、したがってつまりは、それ自身を目的として存在するもの〔これはカントの思想〕とみなされるようになるのだ。

啓蒙の勝利

「信仰の根拠」が「聖なる権利」だとすると、啓蒙思想の根拠は、「人間の権利」という観念にある。

「信仰」に対する「啓蒙」の批判のポイントは、はじめはその無知や蒙昧への攻撃だったが、やがて、神に対する「信仰」の純粋な信念のなかに、不純なもの（感覚的なものへの欲望）が隠れていることを指摘するという点に絞られてゆく。

たとえば、一途な自己献身には賞賛されることへの期待があるし、またそもそも救われて「天国」へゆくという望みのなかにも、感覚的な喜びの側面がある。「信仰」は「啓蒙」によるこういった決定的批判に答えることができず、しだいに絶対的なものへの信念を揺るがされてゆくことになる。

しかし、啓蒙のほうにも弱点がないわけではない。まず理神論者たちは「至上存在」としての神を認めるのだが、この観念はただ世界認識の新しい思想として示されるだけで、人間の生き方に具体的な意味や目標を与えるわけではない。唯物論も同様で、まだもっともラディカルな合理的世界認識という域を出ない。

両者の対立から現われた「功利主義」（有用性）の思想はどうだろうか。これは、精神と事物の関係の〝相互性〟をよく自覚しているという点で、他の二つの思想に対して一定の優位をもっている。しかし、基本的には相対主義的な論理に依拠しているため、人間思想としてはまだ具体的な目標を立てることができず、新しい社会や人間の思想として形成されるまでにはいたらない。

それでも啓蒙思想は新しい時代に呼応する思想であって、しだいに、自らの弱点を克服し、その本領を示しはじめる。

「啓蒙」の新しい武器を哲学的に言えば、「絶対的なほんとう」への希求を「表象」(イメージ)においてつかもうとする宗教とはちがい、否定と区分を本質とする「概念」の力、つまり世界をどこまでも合理的に対象化する理性の力によってそれをつかもうとする点である。この理性の合理的推論の力によって、啓蒙思想は、自然科学の方法と一つになって、世界のすべてを正しく把握しようとする普遍的な認識力を鍛えてゆく。

「啓蒙」はつまり、「世界とは何か」という問いを根本的に設定し直すのだが、その出発点となるのは、世界の存在を「精神的」原理として見るか、それとも「物質的」な原理として見るべきか、という問いである。ここから、「啓蒙」の世界観として、「純粋な精神」の思考対「純粋な物質」の思考という対立が生じる。そしてこれが、「理神論」(絶対者が存在する)対「唯物論」(物質の存在だけがある)という対立のかたちをとったのである。

一七世紀以降、ヨーロッパ近代の新しい世界観を形作るこの啓蒙思想における対立の意味を、さらに吟味してみよう。

理神論対唯物論

「理神論」は、教会を絶対権威とするキリスト教の思想に反対する新しい啓蒙思想として現われたが、世界の存在の根源として絶対的な「至上存在」を認め、この「精神的な絶対存在」だけが世界の「本質＝実在 Wesen」（本体）だと考える。これに対して、「唯物論」は、人間が確実に知覚する「感覚的な存在」だけが真に実在するものだと主張する。この意味で前者を「純粋本質」の思想、後者を「純粋物質」の思想と呼ぶことができる。

「純粋な物質」だけが真に存在するとみなす「唯物論」は、感覚に現われるものだけが確かなものだ、という点から出発する。しかし、つぎに、たとえば塩の辛さや結晶のかたちといった個々の感覚の「根拠」が何であるのか、ということがどこまでも推論され、それは最後に「純粋物質」の観念にゆきつく［この「純粋物質」はほぼカントの「物自体」と同じ。一般にはカント哲学は「観念論」と言われているが、ヘーゲルはカントの「物自体」の考えに、「唯物論」の極限のかたちを見ている］。

ともあれ、「理神論」も「唯物論」も、理性の推論の能力によって、世界の森羅万象の底にひそむ「真に実在するもの」（「根本原理」あるいは「究極原理」）を認識しうる、と主張する点で、まさしく近代の合理主義的世界観の二極なのである。

　唯物論の力点が「自然」にあるのに対して、理神論では精神的原理としての「神」に力点がおかれる。双方はそれぞれの理をもっているが、しかしじつはどちらも一面的である。

　というのは、唯物論者の「自然」万能は、無味乾燥な物質主義にゆきつく傾向をもち、人びとはこの理論に、生命の根拠としての豊かさが欠けていると感じないわけにいかない。また、理神論者の神は、人間性を取り払われた「抽象的な絶対者」としての神であって、そこから、世界と人間について真に思考する「精神」の豊かさを受け取ることができない。

　こうして、どちらの思想も、まだ抽象的な「存在の理論」であることを十分に克服できず、決定的に相手より優位に立つことができないのだ。

　ちなみに、この両者の思想的対立は、デカルトの有名なコギトの思想（われ考えるゆえに、われ存り）を思い起こさせる。彼はこれによって、すでに、思考（思うこと）と存在（存ること）とは分離されず一つのことだという直観を表現していたが、啓蒙の両派は、まだデカルトの思想的直観にまで届いていないのだ。

　くりかえし見てきたように、唯物論の思想も、理神論の思想も、われわれが経験する精神と物質という二つの概念のうちの一方だけを、純粋に抽象して拡大したことの結果にすぎず、この両方の契機を適切に統合することができていない。言いかえれば、物とは思考であり思考は物でもあるという弁証法的な真理に、この二つの啓蒙思想はまだ気づいていないのである。

功利主義（有用性）の登場

「理神論」と「唯物論」の思想を、さらに、哲学的な観点からも吟味してみよう。この二つの思想のうちには、じつは「存在」についての三つの契機が存在していることが分かる。

①「自体存在」（それ自体として存在するもの）
②「対他存在」（他に対してあるもの）
③「対自存在」（自分自身に対してあるもの）

この「存在」における三つの側面は、存在それ自身がもっているものというより、あくまで概念の対象化の運動から、つまりわれわれの意識がそれを区別することから現われたものだ。

啓蒙思想では、この三つの契機が統合されず（「自己に還帰せず」）に、いわばそれぞれの契機のあいだを行ったり来たりする（交替する）というかたちを取っているのだ。つまり、「唯物論」は事物の「自体存在」という側面だけに焦点をあて、理神論は「対自存在」という側面だけに重きをおいているのである。

さて、「有用性」の考えは、純粋な信仰や理神論の立場から言えば、利益や効用を重んじるという点で、精神性に欠けた卑俗な思想とみなされる。だが、「有用性」の思想は、哲学的には、「純粋洞察」の展開の最終の境地であり、近代の「存在」概念の完成形態と言えるものだ。

つまり、近代の「存在」思想は、存在の「有用性」という考えを見出すことで、はじめて「純粋存在」(物質)や「純粋実在」(精神原理)といった、一面的で抽象的な志向性の対立の場面を超え出る。

世界を理性によって純粋に「洞察」する近代の自己意識は、自由な精神として思考の無限の運動性をどこまでも行使する。それは、自己と世界の関係をとことん対象化し区別する「対自的」な存在であり、しかもこの「区別」自体、自分が作りだしたものだと知っているのである。

この意味で、近代の自由な精神(理性)は、「自体的存在」(自然存在)であるとともに、「対自的存在」(つねに自己と他を対象化する、思惟する存在)であり、かつその両契機の統一(自体的かつ対自的な)としての存在だと言える「即自かつ対自的存在」とも言う。ヘーゲルは、自然=肉体的存在であるとともに、つねに自己を、世界を対象化しこの関係自体に働きかけるような存在としての人間を、そういう言い方で呼ぶ。存在と精神の統一性として人間は存在する」。

関係性としての人間

ところで、この人間の「対自存在」という性格は、じつは、人間が他者との関係のなかで、自己をつねに「対他的」存在として意識することから現われている。すでに見たように、人間はいつでも他者との「相互規定的関係」のうちにあるから、つねに他人を対象化しているとともに、自分もまた他者から対象化され相対化されているという経験をもつ。そして人間はまた、この「対自」と「対他」の関係自体をもたえず対象化しているのである。

〔⇒〕この辺りのヘーゲルの原文は、過剰なほど煩雑になっている。要点を言うと、第一に、人間は自他をつねに対象化する存在であるということ（意識の無限性の本質をもつ）。第二に、人間は、そのような対自的本質（＝自己対象化の能力をもつ）として、つねに互いに他者と関係を作りだしていること。そして最後に、この人間どうしの相互規定的関係から、「自体」、「対他」、「対自」、という三つの存在契機を取りだしうるようになること。

あるいはヘーゲルの記述の順序に沿えば、「対自」(自己意識)、「対他」(他者意識)、そして「自体かつ対自」(その統合)、という具合に進んでゆくと理解すると分かりやすい。しかしこれはあくまでヘーゲルの語法なので、それほどこだわる必要はない。

さて、もはや明らかなように、右のような「自己意識」の三契機のうち、「自体存在」に重きをおくと「純粋物質」の思想となり、「対自存在」に注目すると「純粋実在」の思想となる。そしてまた、この両極の対立から「有用性」の思想が現われる理由もよく理解できる。

「有用性」の思想は、人間の自然性や精神性の契機ではなく、むしろ「関係」的契機、つまり、自分が相手〝にとって〟、また相手が自分〝にとって〟どのような存在であるか、という点への着目から現われるのである。

〔⇓〕この契機は、身分役割関係が固定されている伝統的社会では意識されなかった。役割関係が流動的になる近代社会でこそ、一方の存在が他方にとってもつ「意味や価値」が意識されるからだ。

近代社会では、人間が他者にとっての「対自存在」と意識されるだけではない。はじめは絶対的で動かしがたい「自体存在」とみなされていた「社会」それ自身が、徐々に、人間にとっての「有用なもの」として意識されてゆくことになるのである。

啓蒙思想の道すじ

近代の啓蒙精神が、理神論と唯物論の対立をへて「有用性」の思想にまでいたるプロセスを、もういちどふりかえって確認してみよう。

啓蒙の出発点は「教養の世界」(ラモーの甥)だったが、ここでは人間は、世界の矛盾を知りながらそれをどうすることもできないために、自分と世界に対して、シニックで否定的な態度をとることしかできなかった。だが近代精神は、つぎに、純粋な「絶対的なほんとう」を彼岸の神に求める「信仰」の情熱を生みだす(「ほんとう」はこの世にはなく、彼岸の神の世界にある)。

さらにそれは、認識の「絶対的なほんとう」を求める近代的理性の精神、つまり啓蒙思想として開花し、そこから、世界の新しい存在思想として、「理神論」と「唯物論」の対立へと進んだ。

だが、この二元論の対立はまだ抽象的な観念の対立にすぎなかった。近代思想が社会の現実性へと向かうのは、この対立から「有用性」の思想が現われ、人間と社会の存在についての新しい観念と理解を展開してゆくことによってである。

つまり、第一に「教養の世界」。第二は、「神の国」への憧れを核とする「信仰の世界」

と、「啓蒙」における「理神論」と「唯物論」の対立。そして最後に第三の世界が、「有用性としての世界」である。ここまで来てはじめて、近代思想は、人間の「個別性」と世界の「普遍性」という二つの契機を統合させる可能性をつかむのだ。

功利主義においては、世界の一切が「人間にとって」の有用性として理解し直される。つまり、世界と自然の存在の意味がはじめて、「対他的本質」として〝人間化〟される。このことは、近代の合理主義的世界像の本質的特質であると言える。

こうして、啓蒙思想の「真理」、つまり世界のあらゆることがらが、「私にとって」だけでなく「人びとにとって」存在している、という洞察が、「社会」という存在の人間的本質の洞察に結びつくことになる。

このことによって、近代の存在思想は、単なる抽象的な存在の観念論を超え出て、人間にとっての「ほんとうのもの」という観念へと転化する。そして、「社会」、「民衆」、「絶対的自由」という現実変革の思想へと開かれてゆく。つまり、ここには、「世界の真実態と現実態の統一」の可能性が現われているのである（『**こうしてこの関連のうちでは真実態と現在態ないし現実態とが統一づけられている。両者の世界は和解しており、天上はくだって地上へと移されている**』413, 316）。

〔⇓〕「信仰」と「啓蒙」の記述には、ヘーゲルによる近代思想の哲学的解釈がよく表われている。近代にいたると、人間と世界は絶対者による被造物である、という観念は崩れ落ちる。すると人間存在の理解としては、単なる事物＝肉体それ自体であるという力点と、自立的な「精神」としての存在であるという力点が現われて互いに対立する。

しかしこの対立から、どんな存在も「〜にとって」(あるいは「〜のために」)存在するという対他的本質が見出され、そこからまた必然的に、人間存在もこれと同じく、自分にとっての存在意味のみならず、互いに「他にとっての」「対他的本質」をもつ存在として意識される。

つまり、啓蒙思想は、世界・自然・事物の「存在意味」をそれまでの聖なる世界像から切り離し、あらゆる存在は人間存在にとっての「有用性」として存在する、という概念にまで必ず進んでゆく。これがヘーゲルの直観していた点である。

この近代の「有用性」の思想こそは、事物の一切を、利用可能性、統御可能性として価値評価し、計量し、再整理する理性、つまりマックス・ウェーバーの言うような近代的「合理性」の基底をなすものとなったと言える。ヘーゲルの解釈による「啓蒙の真理」は、そのような近代合理主義思想の展開とみごとに対応している。

3　絶対自由と恐怖

「絶対自由」

近代以前、アンシャン・レジームの体制では、世界も人間もすべて「神の被造物」だと考えられていた。しかし、近代の啓蒙思想、そこから登場した「有用性」の思想は、むしろ一切を、人間にとって「有用なもの」とみなすことになる。宗教や王権といった「聖なるもの」の観念すら、人間にとっての有用性において再解釈されるようになる。

「有用性」の思想は、はじめのうちは、事物を「対他的」な有用性であるとみなすが、またこの有用性こそが、事物の「本質」自体（＝自体存在）でもあると考えている。だが、有用性（対他性）はすなわち「自体存在」でもあるという考えは、まだ未熟なものだ。

しかし近代の思想は、一方で「自己」とは何かという問いを推し進め、人間を、自分と他者（や事物）との関係をたえず対象化する「普遍的な認識主体」として理解するところにまで進んだ。近代精神が自らをそのような思惟する「自由な主体」として自覚するとき、これまでの「有用性としての存在それ自体」という概念は、より本質的な仕方で理解されることになる。

すなわち、さまざまな事物はそれ自体で「有用な存在」(自体的かつ対他的)なのではなく、むしろ、人間の意識こそがこの存在対象の二重性を作りだしていたということを、人は自覚するようになるのだ。

さて、そもそも社会制度の権威の実体は、ただ多くの人びとが世界をどのようなものと考えるかという点にしか根拠をもたない(『**真実には意識だけが、もろもろの精神的実在と威力が自分の実体をもつ場(エレメント)なのである**』415, 317)。神や王が絶対的な存在ではなく、個々の主体としての人間こそ世界の本質なのだという考えが「有用性」の思想(啓蒙)から育つと、古い身分制度や宗教権威を支えていた幻想は崩壊し、もはや自分を支えることができなくなる。

いまや、個々人が社会や国家のために存在するという考えは完全に逆転され、社会や国家こそ個々人のために存在すべきだ、という考えがはっきりと現われる。なにより重要なのは、このような近代における「主体としての人間」という思想がいったん広範に自覚的となるや、もはや人びとは二度と世界の古い観念に後戻りすることができないということである。

人びとのうちに、「自己」の存在について、また「自由」についての本質的自覚が広がることによって、「絶対自由 absolute Freiheit」の精神が現われることになる。「絶対自由」の精神は、「自己」こそが、あるいは「個人」としての人間こそが一切の本質である、という視点から世界を理解する。教会や権威が世界の中心なのではなく、個々の人間こそが、世界の真の主人公であるという意識が確固たるものとして現われる。

普遍意志

社会のいかなる権限も、じつは個々人の主体の権限からその根拠を得ているのだ、という意識も動かしがたいものとなる。そしてこの意識が、「普遍意志」と呼ばれる思想に結実するのである（この「普遍意志」は、ルソーが『社会契約論』で論じた「一般意志」とほぼ同じ。ルソーは、国家が人びとの生存と安全を維持しつつ、しかも各人が自由を確保しうる唯一の原理として、自由な人民どうしの相互契約による人民主権の考えを提示した）。

「普遍意志 allgemeiner Wille」とは、「私の意志こそは万人の意志である」、また「万人の意志は私の意志でもある」という感度である。つまり、すべての人間の完全な「自由」が実現すべきである、という考えが、彼岸の「真理の国」の観念に代わって、近代精神にとって新しい「絶対のほんとう」となる。

こうして、「社会」は、「絶対自由」という万人の普遍意志の実現の場所でなくてはならない、という思想が避けがたいものとして現われる。この思想は、社会の「革命」という現実的姿をとることになるのだ。

ここまでくると、「有用性」の思想は新しい局面へと移ってゆく。それは、「信仰」と「啓蒙」という観念の対立から、「個別性」と「普遍性」という新しい対立、言いかえれば「個人の存在」と「社会の普遍性」という新しい対立の場面へと形を変えてゆく。

自由の実現

革命によって古い制度が打ち倒されたあと、思想として現われる新しい問題は、「普遍的な理念」（＝絶対自由）と、その実現を求める個々人の「個別意識」との対立である。

人びとは、「絶対自由」の思想をもつことで、自分を「普遍的意志」の担い手として意識する。しかし、新しい革命政府の体制のなかで、すべての人間がこの理念の中心的な担い手となることはできない。ここでの目標は「普遍的自由」の実現、つまり、万人の自由を実現する理想的な国家を作り上げることだが、万人がこの仕事に参画できるわけではないからだ。また中心的な仕事に携わる人びとも、それぞれが分担して政権の個々の任務を担うほかはない（司法、立法、執行権という区分だけでなく、経済、文化的な区分もある）。

そうなると、個々人の役割は個別化され、各人が普遍的な意志を〝代表する〟人格であることはできず、さまざまなかたちで不満が出てくる。そこで人びとは、自ら作った法に自主的に従っているのだ、とか、政府の権力は自分たちの意志を「代表」している、などと考えようとする。

しかし、それでもやはり大きな齟齬《そご》の感覚が現われてくる。単に「代表」されたり「代行」されていることでは、個々人が、自分の「普遍的意志」が生かされているという実感をもつことは難しいのだ。こうして、諸個人は、代表者としての政府の方針にさまざまな不満を抱くようになる。

政府のほうは、「普遍的自由」を実現するために政策を実行しようとして、どうしても大きな権力を振るわねばならず、それは勢い、一人の実力ある実行者に委ねられることになる。だが、政治権力の執行は、多くの人びととの意志とは食い違うものとなる。政治権力者＝執行者が何をなそうとしても、反対者からは、それは「普遍意志」という理念に反する行為、実力による横暴な権力の執行と見えるのである。

恐怖政治

こうして、普遍的な「絶対自由」の理念が、政治革命において現実に成立するや、こんどはこの理念を支えていた個々人の「自由への意志」が、政治権力の対立者として現われてくるという事態が生じる。だが、この対立は、「普遍的自由」の理念の進み行きとして、一つの必然的なプロセスだとも言える。

それは、さまざまな矛盾に耐えながら断固として「普遍的自由」の実現を推し進めようとする冷徹な政府＝権力と、それぞれの「自由」の理念をあくまで主張する多様な諸個人の意志、という二極へ分裂して対立する。両者は同じ「絶対自由」の理念から出発したはずなのに、激しく対立しつつ互いを否定し、攻撃しあうことになるのだ。

こうなると、政治権力の側では、反抗する個人の自由を抑圧することがもっとも緊急の仕事となる。そのことなしに、政治権力を確立することができないからだ。政治権力は、「普遍的自由」の実行者たろうとして、敵対する人びとを実力（死の暴力）で抑えつけようとする。そしてこのことで、政治権力はますます「絶対自由」の理念を裏切る存在として非難されるのだ。

重要なのは、死の暴力（＝恐怖政治）によって自分の権力の正当性を守ろうとするとき、政治権力は、本質的に、一つの「徒党」にすぎないことを顕わにするということだ。つまりここではじっさいに、「勝っている徒党が統治と呼ばれる」だけ、という事態が生じる。結局のところ、権力闘争の勝利者が、自分こそ「普遍意志」を代表する者だと主張しているだけ、という事態がここに現われているからだ。

「自由」な個々人は、いまや新しい政治権力を人民の「普遍意志」に対する犯罪として糾弾する。政治権力はこの糾弾に十分に反論することができない。反対者である自由な個人は、ただ思想として「純粋な普遍意志」を主張するだけだが、政治権力は「普遍意志」を政治制度として実現するという困難な仕事をおこなわねばならず、そこで生じるさまざまな矛盾や「悪」を引き受けざるをえないからだ。

こうして、自らの「普遍性」を信じる政治執行者は、ますます「暴力」に頼り、自分たちに反対する疑いがあるというだけで人びとを弾圧し、抹殺しようとすることになる〔ピューリタン革命におけるクロムウェル、フランス革命におけるロベスピエールなどの事例が想定されている〕。

死の畏怖

しかし、近代精神はこの「恐怖政治」の悲惨な経験を通して、新しい思想をつかみ取る。「絶対自由」とは、ある絶対的な理想を実現しようとする「自己意識」の激しい情熱だった。だが、恐怖政治がもたらす死への畏怖は、人びとに「絶対自由」という理念の否定的側面をはっきりと教える。人びとは、「絶対的理想」というもののもたらす否定面をこの経験から学ぶのである。

「絶対自由」という思想において、人びとは、まず理想の絶対的な実現という肯定的な側面をつかむが、つぎに「恐怖政治」の経験によって、その否定的側面を思い知ることになった。

重要なのは、この「死の畏怖」の経験を通して、人は、いわば「純粋思考」としての「自己意識」を捨て去る、という点である。

「死の畏怖」の経験は、人に、個としての自己存在を絶対的理想の情熱と引き換えにできるか、という問いの前に立たせる。多くの人は命とひきかえに「絶対的理想」に殉じることを断念し、過激な理想への情熱をなだめるのだ。そして、「普遍的自由」を実現するためには、政治と社会に必要な現実的制度をそれなりに受け入れるほかはないと考える。つまり、すでに存在する社会的な制度を容認しつつ、徐々に新しい秩序を作り上げてゆくほかはないことを認めるのである。

革命とそれにつづく「恐怖政治」は恐ろしい結果を引き起こしたが、しかし、ここでの「死の畏怖」の経験が、人に、過激で純粋な「理想への情熱」を現実的かつ宥和的なものへ転化すべき理由を学ばせるのである。

教養の最高の境地

さて、ここで多くの人は、世界というものは、結局、このような一時的な革命的情熱の高揚と、その後の現実社会の秩序への復帰、ということをつねに反復してきたのだ、と考えるかもしれない。また、純粋な理想と現実社会との一致は不可能であり、したがって、反抗の高揚と秩序への回帰、というサイクルがくりかえされるが、結局のところ人びとは、社会の現実関係を認め受け入れるのだ、と考えるかもしれない。

しかし、ここでなにより重要なのは、「絶対自由」の思想をつかむことで、人類は、そういった歴史のくりかえしとは違ったまったく新しい歴史の段階に到達している、ということなのである。

まず、「絶対自由」の思想では、かつての「教養」や「信仰」の思想のように、「ほんとうのもの」（絶対本質）が世界の〝彼岸〟にある「超越的な存在」としてイメージされていない。ここでは、「絶対的なほんとう」は、まさしく個々人の固有の生の本質として、つまり自己の「内的本質」として自覚されている。

この意味で、「死の畏怖」の経験をふくむ「絶対自由」の思想は、近代精神の「教養」の展開の「最高の境地」だといえる。「絶対自由」が「自己自身の本質」として自覚されているとは、「自由の本質」についての人間の自覚が、一つの決して後戻りしえない段階に到達したことを意味しているのである。

かつて人間の「絶対的なほんとう」は、たとえば「教養」の世界では、「名誉と財富」や「エスプリと洞察の言葉」といったもの、また信仰と啓蒙では「天上界」や「有用性」、といった何らかの絶対的目標として現われていた。しかし、この絶対的目標としての「理念」は、「絶対自由」における「死の恐怖」の経験によって、自己の「死」とは引き換えにできないものとして滅びてしまうのだ。

自己の死は、たとえ「絶対的な理念」への情熱からもたらされるものだとしても、個の自覚的意識のなかでは「まったくの無意味な死」にすぎない。つまり、「恐怖政治」という「絶対的否定性」の経験は、人間の「個の意識」と「普遍的な理想」への情熱がぎりぎりのところで対立するという経験だった。そしてこの経験は、別の仕方でこの理念をある種の「肯定性」へと転化するのである。

この経験のなかで、はじめて個人は、自分を「絶対的理想」と直接的に一致させようとする欲望を断念する。つまり、自分を革命派、無政府派、反対党派といった、社会の「特定の点」(役割)として位置づけたり、そこで「絶対自由」の理想を実現しようとする過激な情熱を断念する。自分の「絶対的理想」が、自己の情熱に傾きすぎ、万人が認めるような「普遍性」を欠いていたことに気づくのである。

純粋な「知ること」

個人はここで、むしろ自らを純粋な「知ること」（普遍的な思想）という本質として位置づけなおそうとする。つまり、何が真に「普遍的なもの」であるかを思想し、そのうえでそれを「意志すること」。この「普遍的な思想」をつかむことに人間の「真のほんとう」がある、と考えるにいたる。この思想はまた、絶対的な「理想的社会」の理念も、もしそこで個々の人間主体が「ほんとうの自由」を生きるのでなければ、無意味なものにすぎない、という新しい思想でもあるのだ。

さて、「自分から疎遠になった精神」において、分裂していた「自己意識」とその「対象」（目標）との関係は、「絶対自由」において「個別意志」と「普遍意志」の対立による「死の畏怖」、という極限的なかたちにまで追いつめられた。だがこの経験を通して、人は、自己の本質についての一つの不可逆的な自覚に到達することになった。

ここで「自己意識」は、「絶対的理想」への過激な情熱を断念し、「ほんとう」の実質を、普遍的なものについての思想（本質的な知）を生きること、という仕方で取り戻そうとする。このことによって、「絶対的ほんとう」は、いわば個人の「内的自由」の精神のなかで生きつづけることが可能となるのである。

この「内的自由」の精神は、「道徳的精神」という新しい境地として現われる。

C　自分自身を確信している精神　道徳性

〔⇓〕ここで「道徳的な自己意識」を代表するのは『実践理性批判』で展開されているカントの道徳思想である。ここではヘーゲルによるカント道徳思想の批判が展開されるが、その前提として、カント思想の要点を簡潔に整理しておく。

①人間精神は「自由の世界」を生きており、それは、人間の身体や欲望が「自然の世界」を生きているのとは異なった原理をもつ。人間の「自由」は、自由意志によって「正しいこと」「善」をなす「自由」で、感性的な「快」を求める意志は「傾向性」にすぎず、本来の意味での「自由」とは言えない。

②したがって、人間の「自由」は、「道徳的自由」である。ここから以下の「道徳法則」を導くことができる。

「君の意志の格律が、常に同時に普遍的立法の原理として妥当するように行為せよ」

（定言命法）

「道徳法則」は「自然法則」とは異なった、人間の「自由」の法則。その意味は、君の主観的な「よい」がつねに客観的な「よい」と一致するように行為せよ、すると君はつねに真の意味での「善」（道徳的善）を生きることができる。ここから道徳は、善きことを自発的な意志によって「行為せよ」、という一つの内心の命令、義務となる。

③これは、カントによる「善」の定義と言えるが、カントによればここには一つ難問がある。それは「善」をおこなっても、必ずしも「幸福」になるわけではないという問題である。これは「徳福の不一致」と呼ばれる。

「善」なる人間が「幸福」にならずむしろ不幸になるのであれば、そのような世界は善き世界とは言えず、ここでは誰も「善」をなすことの「意味」を感じることができない。

④この難問に対するカントの解決策が、「最高善」の理想。「最高善」は、もっとも有徳な人がもっとも幸福になるような世界の状態。そしてこの理想は、さらに、この状態を保証する「神」の存在を〝要請〟することになる。

a　道徳的世界

「道徳」における「徳福の一致」の要請

「道徳的意識」では、理性によって何が正しいかを判断し、その「正しいこと」に義務として従うことが自由ということの本質であり、したがって人間の本質だとみなされる。だが、「自然の法則」は人間の「自由の法則」とは別ものだから、道徳的行為が、幸福に一致するという保証は存在しない。つまり「徳福の一致」は原理的に偶然的なものでしかない。

道徳思想はさまざまな問題をもっている。それはまず、「正しい行為」を自分で「義務」として規定しておきながら、その結果として道徳的な人間が必ずしも幸福になれないことに、苦情を申し立てる。ここには明らかな矛盾がある。

道徳における「純粋な義務」の思想は、本来、「正しいこと」を自分の意志によっておこなう、という自己の内的な納得だけを本質としていたはずだ。しかし、一方で「道徳」は、正しさ（徳）が「幸福」につながるべきことを要求するのだ。言いかえれば、内的な納得だけでなく、その「成果」についての満足と享受を求めているのである。

だが、さらに言えば、「道徳」は「正しさ」を意志し行為するという自己納得に本来の動機を見出していたのだから、この道徳的な心意それ自体に、「享受」（自己納得の満足）の側面が存在していたことが分かる。だから、じつは暗黙のうちに、道徳と自然（人間の感情）との一致が前提されていたのだ。

「道徳」思想は、「道徳」（自由）と「自然」とを、べつべつの領域として切り離していたはずなのに、じつのところは、「道徳的行為」が「自然」（感情や享受）とつながる〝べき〟だ、と考えているのだ。このような考えは、現実についての思想ではなく、現実がかくあってほしいという要請の思考にすぎない。つまり『**この調和は要請されているのである**』(426, 326)。

また、道徳思想は、この「要請」は決して意識が恣意的に作りだした表象ではなく、「道徳性」の本質にもとづくものであり、「理性の必然的な要求」であると主張する。しかし実際には、ここにあるのは、純粋な「普遍性」（理想）と「個別意識」（現実）とが、いかなる条件で一致するかを洞察する思想ではなく、この統一（徳と幸福の一致）が〝存在してほしい〟という単なる欲求なのである。

理性と感性の一致の要請

いま、「道徳」と「幸福」が一致すべきだという道徳思想の「要請」を見たが、道徳的意識は、その本性から他にもいくつかの「要請」をもちだすことになる。つぎに現われるのは、「感性」が道徳的「理性」に一致すべきだ、という要請である。

道徳的意識にとっては、快楽を求め、自己の利益に流される人間の感性のあり方は、「自然」としての人間の「傾向性」である。しかし、人間が道徳的存在であろうとするなら、つまり本質的に自由な存在であろうとするなら、人は自分の感性を「理性」に、つまり何が正しいかについての道徳的な判断に従わせるのでなくてはならない。これが道徳思想における「感性と理性の一致」の要請である。しかし、両者の一致あるいは統一と言っても、その内実は、あくまで「感性」が「道徳」に従い、寄り添うことが求められているのだ。

ところで、この感性と理性の一致の要請は、道徳と幸福の一致の要請の場合のように、「最高善」といった外的な保証がおかれるものではなく、人間の意識の内部の課題としておかれている。つまり、ここでは人は、自らの感性を陶冶《とうや》して自己自身を道徳的に完成させるべき、という課題をもつわけだ。したがって「全ての人間が道徳的に完成すべし」というのが、道徳思想の終局的な理想形となる。

だが、このような完全な「一致＝調和」の理想は、むろん容易には達成されえないものだから、いわば「無限のかなた」において成就されるものと想定されることになる。そしてこのことからまた、「魂の不死」という要請が現われざるをえない。

ただ、このことからも新しい矛盾が生じる。それはつまり、この完全な「調和」の状態、すなわち人間の感性が完全に道徳的理性に一致するという理想の状態が成就されたときには、はじめに道徳思想が設定していた「道徳性の本質」が無意味になってしまうということだ。

なぜなら、人が何が正しいかを理性によって判断し、自らの感情や欲望に〝抗《あらが》って〞その「正しさ」に向かう意志にこそ道徳的自由の本質があるとされていたのに、もし人間の感性と理性が完全に一致したなら、そのとき人間は、自分を理性の正しい判断に従わせようとする意志や努力の必要をなくしてしまうからである。

こうして、人間の道徳的完成という理想の要請は、むしろ人間の道徳の本質を消去してしまうという恐れがあるのだが、道徳思想はこの矛盾を自覚できない。

世間の義務と道徳の義務

「道徳と幸福の一致」という第一の要請は、世界それ自体についての理想と言えるが、第二の「感性と理性の一致」の要請は、人間存在についての理想である。さらに、「聖なる立法者」(=神)が存在すべきという新たな要請が現われるのだが、これはいわば両者が一体になった「絶対的理想」への要請だと言ってよい。

もともと道徳思想では、「定言命法」に示されるような「純粋義務」、つまり理性による正しさの判断と、それを行為する意志が問題だった。しかしこのことは、人間の現実生活からいうとそう簡単にはいかない。

人は、具体的な生活のなかでさまざまな「為すべきこと」をもっていて、それらのうち何を優先しておこなうべきかはそう明瞭に決められるものではないし、またつねに道徳的「義務」を最優先できるわけではない。人は、道徳的義務だけでなく、つねに周りからの期待や生活上の義務＝義理をもっているからだ。このために、道徳的な「純粋義務」と世間的「義務」（「数多の義務」）の対立、ということがつねに生じてくる。

そもそもさまざまな世間的「義務」と道徳的義務との軽重を比べることは、純粋な「道徳」の考えからは、不純なものと見えるかもしれない。しかし必ずしもそう言えない面がある。

たとえば、いま目の前で危機に陥っている人を身の危険をさらして助けるという行為は、いま自分の安全を守って将来社会のために仕事をすることと、どちらが〝客観的に善きこと〟かはいちがいに言えない。こう見ると、道徳思想の「純粋義務」は、結局のところ内心の満足に奉仕する主観的な「善」かもしれず、むしろ人が世間で果たすべき「数多の義務」のほうが客観的な善かもしれないという、より高次の道徳的観点が現われてくる。

この観点は、道徳的行為の真の意味は、それが主観的にもつ意味にではなく、社会全体を益するような有意義性にこそ存在するというものであって、より普遍的な観点とも言える。それはいわば、もし「神」が存在するならばその明確な基準をもっているような「道徳的善」の観点にほかならない。

あるいはまた、この高次の道徳思想は、いわば道徳の主観性と客観性（「特殊性と普遍性」）とを一致させようとする思想だといえる。それは、人間の善なる行為を社会の善と結びつけようとする点で、「道徳と幸福」の一致を積極的に求めるような道徳思想だからである。

神の存在の「要請」

さて、道徳的意識は、感性が理性に一致すべきであるという「要請」から出発したが、ここではさらに進んで、善き「行為」が、すなわち社会的、普遍的な善の行為でもあることを要請して、「道徳と幸福」の現実的な一致がめざされることになる。

しかし、「道徳」がはじめにおいていた前提は「徳福の不一致」であって、これはそもそも、人は社会の複雑な関係の総体について「全知」ではありえず、そのため、個人的な善と社会の善の連関を確実に知りえないという考えからきていた。そして、そのために道徳思想は、「徳福の一致」の実現のために、個別の「善」が「普遍的な善」へとつながるべく配慮してくれる、「聖なる立法者＝神」の存在を「要請」する場面へと進んだのである。

カント道徳思想が、「聖なる立法者＝神」の「要請」という考えにいたるのは、まさしくこのためである。

カントの「道徳」は、もともと「定言命法」の考えでは、「純粋義務」、つまり個人の理性的な善の判断とそれを意志することとの義務を本質的な核としていた。だがこれだけでは、人間の道徳的行為は、人の幸福にも、社会が善くなっていくことにもつながる保証がまったくない。

そこで、いやしくも人間の道徳的行為に普遍的「意味」があるとすれば、「道徳と幸福」の一致、「主観的な善」と「社会的な善」の一致ということが何らかの仕方で保証されるのでなくてはならない。「神の存在」の要請というカントの独自の思想は、まさしく、「道徳」思想のもつこの〝難問〟を解決するための思想として導かれているのである。

要するに、ここでは人は、あたかも全知の神が全体としての「調和」を、つまり徳と幸福の一致を配慮してくれるものと考えて（神の「恩寵」を期待して）、自分の個別の道徳的義務をはたすべき存在である、とされる。しかしこの思想は、ここでもまた、人間がよりよき状態に向かうための条件の探究というより、ただ「純粋な思念」のうちで思い描かれた、「道徳と幸福」の、つまり「現実と理想」の一致があるべきだという、一つの欲求にすぎないのだ。

道徳思想の「表象性」

いま見たように、カントの道徳思想では、個々人の主体的「善」が社会的調和につながることの可能性を、「神の要請」の思想によって全知なる神に委ねることになる。しかしこのことは、カント思想が、道徳の本質を、「概念」としてではなく「表象」としてつかんでいるにすぎないことをよく示している〔「概念」としてではなく「表象」としてつかむ、はヘーゲルがよく使う表現で、「本質」としてではなく「イメージ」として捉えているということ〕。

道徳思想は、「理想」と「現実」との分裂を、「神の存在の要請」という観念によって「統一」しようとする。しかしこの「統一」は、分裂を克服する現実的な可能性の原理を示すものではなく、単に〝イメージ〟としてつかまれているだけだからだ。

カントの道徳思想は、たしかに、(宗教的な観念からではなく)人間の内心の自由から「道徳」と「善」の本質を取りだそうとしたという点で、近代の道徳思想の大きな達成だった。しかしそれはまだ、いわば「自己意識」のうちの内的な「自由」のうちでの善の思想を出ておらず、いかに内的な善が社会的現実につながりうるかという課題を十分にはたしているとはいえない。

ここでは、「思考」(理想)と「存在」(現実)とが、概念の本質的な運動の媒介をもたないで、直接に結びつけられているのだ。まさしくそれが善が「表象」として捉えられているということなのである。

もういちど整理してみよう。

(カント道徳思想に代表される)近代の道徳的自己意識は、まず、「人間は道徳的存在でありうる」、という命題から出発した。言いかえれば、理性の判断とそれに従う意志さえあれば「道徳=善」は可能であるという命題から出発した。そしてつぎにそれは、「人間と世界は道徳的存在でありえない」という否定的現実にぶつかった。この否定性から、二つの命題が現われることになる。

第一に、「人間の道徳性は不完全である」(『道徳的に完成した現実の自己意識はない』433, 331)。第二に、「この世界は、道徳的に完全なものではありえない」。

つまり道徳的意識は、理想と現実とのあいだに大きな断絶を見出すわけだが、これを克服するために、この断絶を「最高善」と「神」という「要請」によって埋めようとする。

しかしそのため、理想状態は結局のところ「彼岸」にしか存在しないことになる。そして、この彼岸の理想状態こそ、人間の存在の「当為」(あるべき)であると主張されるのだ。

しかしこれは、まずはじめに「理想」をおき、つぎにその現実の「困難」にぶつかり、最後にその分裂を、理想理念(神)と「当為」の観念で架橋するだけの思考だというほかはない。つまり、矛盾の解決ではなくその回避にすぎないのである。

b　ずらかし

〔⇓〕「ずらかし Verstellung」は、ねじまげ、ごまかしの意。すでに前節で、ヘーゲルは、カント道徳思想を、近代的な道徳意識の典型的類型として批判的に考察したが、ここでもさらに「道徳思想」の問題点を追究している。

「道徳的世界観」は見てきたように、まだ現実の困難に向き合わない自己意識の「純粋思念」にすぎず、そのことからさまざまな場面で矛盾を露呈することになる。**『道徳的世界観は無思想な矛盾の大巣窟なのだ』**(434, 332)。いまそれを確認しよう。

道徳思想はいくつかの「要請」をもったが、それはむしろこの思想の矛盾をよく示している。まず、第一の「要請」は、道徳と自然の一致という要請だったが、これは理想と現実が一致すべきという要請を意味し、その不可能から、「最高善」と「神」という理想理念が新しく要請された。そしてここからまた、さまざまな思想的な矛盾が現われてくる。

まず、道徳思想の出発点は、「純粋義務」（内的な判断と行動）にあった。つまりここでは、自分の内的義務に従うことこそが「道徳性」の本質だとされた。

しかし、福徳を一致させるために、「最高善」（徳ある人間が幸福である、という善の社会的理想）という目標が立てられると、はじめにおかれた個人の「純粋義務」は、もはや個別的で主観的な善にすぎず、普遍的善たりえないものとなる。すると、個人の「純粋義務」という道徳的意識は、「福徳の一致」というより大きな目標についていては「真剣」なものではないことになってしまう。

一方で、「最高善」という理想自体も矛盾に満ちている。その理由は以下である。

第一に、「最高善」とは「世界の道徳的完成」という理想が実現した状態だから、もしこの状態がほんとうに実現すれば、もはや人間の道徳的な努力というものは必要がなくなる。つまり、「最高善」という道徳の最高の目標の実現は、「道徳が存在しない状態」を作りだすことを意味する。したがって「道徳の存在しない状態こそが道徳の絶対目的だ」というおかしな結論に帰着することになる。

第二に、人間の道徳はどこまでも「未完成」（不完全）だから、道徳的理想の状態は永遠の彼方のどこかの時点でしか実現しない、という考えが導かれるのだが、これはつまり、真に幸福に「値する」人間はどこにも存在しない、ということである。

そこで、人間はただ「恩寵」としてだけその可能性をもつ、ということになり、結局このことも、道徳的人間こそ幸福に「値する」という前提と矛盾してしまう。

道徳思想の第二の要請は人間の理性と感性が一致すべきだという要請だったが、ここにも「ずらかし」がある。道徳思想は、人間の「感性」それ自体を悪なるもの、否定すべきものとみなす。だが、ほんとうは、ここで否定されている人間の「感性」こそは、人間が「善き」存在となるための最も重要なカギなのである。

人間の感情や欲求は、それ自体が人間にとっての「自然」だから、理性と意志の力でただちに自由になるようなものではない。人間が真の意味で道徳的存在となるのは、むしろ、理性からの不断の働きかけによって徐々に感性が陶冶され、このことで感性そのもののあり方が普遍的になってゆくプロセスにおいてなのである。

しかし、道徳思想は、いちずに「感性」を否定し、あたかも人間が道徳的でないのは、意志の弱さのせいであると考える。ここでは、両者の調和と一致が、誰にとってもたどられる可能性の道として探られるのではなく、単に〝人間はかくあるべし〟という純然たる「要請」として示されるだけなのだ。

つまるところ、カント的「道徳思想」の底には、「道徳的な人間ほど幸福であるべきだ」という暗黙の要求があることが分かる。しかしじつはこの要求は、不道徳な人間が幸福になるのは「不正」である、という理由からではなく、ただそういう人間に「幸福」をもたらしたくないという「嫉妬」から現われていると言えないだろうか。

すなわちここでは、「道徳的な人間ができるだけ幸福になるような社会を作りだすために何が必要か」という問いであるより、「道徳的人間には幸福を、そして不道徳な人間は幸福でないことを」という（反動的な）動機が、道徳思想を先導している。だとすれば、そもそも道徳思想の底には、正しい自分こそは幸福でありたいという暗々裏の願望が存在するのである。

神の要請とは何か

道徳思想において、「神の存在」が要請される経緯は以下のようだった。現実生活のなかで人はさまざまな善悪の判断にさらされるが、人間は、個々の行為がほんとうに社会的な善につながるものかどうかについては、絶対的な判断をもちえない。そこで、個々の主観的な善が普遍性なものにつながる保証として「聖なる立法者＝神」の存在が要請される、と。しかし、このような考えも、「ずらかし」と言うほかはない。

くりかえして言えば、はじめの定義では、道徳の本質は「純粋義務」、つまり「理性による善の判断とその意志と行為」にあった。どんな外的な権威にも依存せず、自分自身で善悪の基準を立てること、そのうえでその判断を純粋な義務として受け容れ行為すること、これが道徳の「本質」だとされたのだ。

この原理からいえば、道徳意識が、「神」という上位者を判断の外的な基準として受け容れることはありえない。しかし道徳思想は、「徳福の一致」という理想のために、善についての主体の至上権を神にゆだね、そのことで主観的な判断に対して普遍性の保証をおこうとするのである。

この「ずらかし」から、またさらに新たな矛盾が現われる。善の完全な普遍性という理念からは、全知の神だけが「純粋な道徳性」をもつことになるが、しかし神においては、そもそも理性が感性の影響をうけるといったことはありえない。つまり、神においては「理性と感性の対立」ということ自体が存在しない(仮に神に感性があるとしても、それが道徳に反するものとは考えられない)。

だが、この世においてそもそも「道徳」が存在するということの意味は、まず人間において「理性と感性」の不断の葛藤や対立があり、しかし人が自己を陶冶することで、自らの感性(自然性)を徐々に道徳的なものへと育ててゆくことができるという事態のうちにあるはずだ。

「絶対者＝神」においては、このような理性と感性の葛藤、対立、陶冶という契機自体がはじめから存在しない。すなわち神の道徳性なるものは、道徳における最も重要な契機を欠いたものであって、道徳の本質とはなんら関わりがないというほかはない。

道徳思想のまとめ

近代精神は、「絶対自由」という新しい人間の理想（絶対的なほんとう）を見出したが、この理想の過激な現実化（＝政治革命）を求めるあまり「死の畏怖」にぶつかって挫折した。そして、ここから人間の「ほんとう」を内的な「善の義務」に見出す「道徳思想」へと進み出た。

「道徳思想」は、「純粋義務」の思想によって、善悪の基準をいったん宗教的な聖性の観念から完全に切り離し、人間の理性の主体的な至上権へと置き換えた点に最大の功績があった。しかし道徳思想は、道徳と自然が一致すべきであるという理想的理念を暗黙の出発点としたために、人間の感性と理性、道徳と幸福の「一致」が存在すべきである、という「当為」の思想となり（最高善）、このことによって最終的に、もういちど「神」の存在を「要請」するというところへゆきついたのである。

「最高善」と「神の要請」という理念は、たしかに、近代精神が作りだした新しい人間の理想と言うにふさわしいものだった。それは、超越的な「聖なるもの」とつながる点に「人間のほんとう」(絶対本質)を見るのではなく、あくまで、心の「善」が「この社会(世界)」の普遍的な善とつながるべきだという観念に、新しい「人間のほんとう」を見ているからだ。

しかしここでは、「人間のほんとう」が「社会のほんとう」につながるべきだという思想は、「当為」として示される以上に進んでいないために、結局、現実に現われる困難が、「超越存在＝神の存在」によって克服される、というかたちをとったのである。またそこから、道徳思想は、さまざまな自己矛盾と「混同」(ごたまぜ)を露呈することになった。なぜこういう矛盾が生じたかの理由は、明らかである。

近代の「道徳思想」は、人間の内的善がそれ自体にとどまらず必ず社会的な善とつながらなくてはならない、と考える本性をもっている。しかしそれはまだ、この理想を〝現実化〟するためにいかなる条件が必要かを考えることができず、ただ、道徳的な自己と社会の福祉とを(理想と現実とを)無媒介に結びつけ、その困難と不可能性を、「要請」と「当為」でつなごうとしたのだった。

道徳思想に隠れているのは、いわば善に対する私の内面の真摯な思念にこそ「普遍的なほんとう」があるとみなそうとする、主観的な自己確証の動機なのだ。つまりここでは、「自己意識の自由」の独りよがりが近代思想の局面で再演されているのだ。この「内的動機」に対する無自覚こそ、道徳思想を「純粋思考」のうちに閉じこめ、それが「現実の可能性の原理」となることを妨げている根本の原因だったのである。

c　良心

ここまでたどってきた人間精神の本質の歴史的な展開のプロセスを、大きく再確認してみよう。ここにいわば人間的「自己」の三つの段階を想定できる。

まず、「第一の自己」は「法的権利主体の自己」〔ローマ的市民〕である。ここで人間は、法的人格という点では承認されているが、その内実としては皇帝という絶対権力に服従させられており、個性と自由をもった人間として認められていない。

「第二の自己」は「絶対自由における自己」。これは近代の啓蒙精神が、絶対王政時の教養的人間から出発してその最高段階である「絶対自由」の境地にいたったときの自己を意味する。だがここでも、自己における「個別性」と「普遍性」は、まだ真の統一を見出していない。言いかえれば、個人の内的な「ほんとう」が、「社会的、普遍的なほんとう」

とつながる可能性の原理がまだ見出されていない。

つまり内的に育まれた理想は、「私が世界で、世界が私だ」という信念と情熱のかたちを取るのだが、それが現実化される可能性がまだつかまれていないのだ。

そして「第三の自己」は、「道徳的自己意識」（道徳思想）から「良心」へといたる自己である。

道徳思想は、まず、人間の「絶対的なほんとう」（絶対本質）を、外的対象ではなく自己の内的本質としてつかむ点で、「絶対自由」の自己の一歩先へと踏み出している。しかしそれはまだ理想と現実の分裂を思想として克服することができず、「ずらかし」にとらわれていた。やがてここから、道徳思想のこの矛盾を自覚し、乗り超える、「良心 Gewissen」の境位が現われるが、そのプロセスをたどるのが以下のテーマとなる。

『**良心となったときに初めて、自己意識は自分の自己確信のうちに空虚であった法と空虚であった「普遍意志」とに対する内容をもっており、しかもこの自己確信は同時に無媒介なものでもあるから、自己意識は定住をさえももっている**』（446, 341）〔「良心」の境位まで進んではじめて、人間は、それまでの「法的人格」、「絶対自由」の普遍性、「道徳的義務」という空虚な諸形式に内実を与え、それらを真に「現実的なもの」とする可能性の原理をつかむ〕。

「行動する良心」

道徳思想が抽象的な思想となってしまうのは、自分を内的な純粋思念として立て、思想を現実化するための条件というものを無視するときである。近代精神が見出した「人間のほんとう」を社会的に現実化するためにどのような困難があるのか、それをいかにして克服すべきか。このような「可能性の原理」として知が推し進められるとき、思想は現実的なものとなる。

「良心」は、「道徳思想」の限界を自覚して、これを克服すべく現われる近代精神の新しい範型だが、その出発点を「行動する良心」と名づけよう。

「行動する良心」は、正しいと感じたことをそのまま具体的な「行動」に移そうとする、いわば「素朴な正しさの意識」である。ここでは、自己は、善き行動への意志（意欲）それ自体であって、道徳意識のもつような「自己」が「正しい判断」と一致しているべきといった、明確な「当為」の意識をもってはいない。

「行動する良心」にとって現実の知とは、これこそ「あるべき現実である」といった対象的で知性的な認識ではなくて、この行為によって多少とも現実がよくなるはず、という実践的で経験的な知なのだ。

行動する良心には、対象と知とのいわば自然で素朴な一致がある。だから「行動する良心」は、個々の「行動」のあいだに、どちらがより正義にかなっているかといった矛盾する「義務」を見出したりはしない。もしそうなら行動すること自体が不可能になってしまうのだ。

とはいえ、「行動する良心」においても、さまざまな「義務」のあいだの区別や違いが問題になることがある。だが「行動する良心」は、それらを単にさまざまな道徳的行為とみなすだけで、「道徳意識」のように、個々の「義務」の普遍性についての軽重や優位が問題となって自己意識の矛盾に陥ったりはしない。「道徳意識」がこのような矛盾に陥るのは、そこで、個人の善と社会の善が完全に一致すべきである、という「理想」(当為)が前提されているからだ。

「行動する良心」は、いまこの行為の「善い」、という素朴な善の感度を生きているだけである。ここでは精緻な認識や思想がないかわりに、その絶対的な理想化もなく、善の意識が善き行為と一つに結びついて生きられている。この意味で「行動する良心」の本質は、理念化された「純粋義務」にではなく、あくまで「このことは正しいと自分は信じる」という「自己確信」にある。

「道徳思想」の本質は、自己意識の思考が作りだした「個人の善」と「社会の善」の一体性の理念にあった。この理念が徳と幸福の一致を要求し、そこから「最高善」と「神の要請」が導かれていた。これはつまり、内的な「純粋思考」が作りだした「理想理念」が「あちら側」に立てられ、一つの超越項として自己意識を縛っているという状態である。

これに対して、「行動する良心」の本質は、「私は、いまこれを正しいと信じておこなう」という点にある。つまり、あくまで自己の個別性と「内的確信」自体にその本質をおく。

言いかえれば、「道徳」では「ほんとう」は「理想」(理念)におかれるが、「良心」では、「自己確信」と「自己納得」それ自体のうちにある。だから「行動する良心」では、「道徳」のもつような意識の分裂、何が一体もっとも正しい善なのか、いかにして「聖なる立法者」を信じればよいか、といった矛盾は現われないのだ。

自分の確信と他者の確信

「道徳」にとっては、一つの理想化された「絶対的なほんとう」がその「純粋義務」となっていた。しかし「良心」では、そのつど生じる「この善の義務に従うことは正しい」という自己確信こそが本質的なものである。『**今や自己のためにあるものがおきてなのであって、おきてのために自己があるのではない**』(449, 344)。

この意味は、一面では、「理念化」された「純粋義務」よりも、善をなすことについての「自己確信」こそが「ほんとう」の核となっているということだ。しかしもう一面で、この「自己確信」への信は、「自分のなすこと」の普遍性についての確信でもある。言いかえれば、単に、「自分はこれを正しいと信じる」というだけではなく、「このおこないは誰にとっても正しいことであるはずだ」という内的確信にこそ、「行動する良心」の本質があるのだ。

すると、そこで新しい問題が生じてくる。個々人に現われるさまざまな「善」や「おきて」（ルール・法をふくむ）は、つねに絶対的な正しさをもつわけではなく、それ自身の社会的な意味と本質をもっている。すると、世の中の諸関係についての人間の認識に制約があるかぎり、さまざまな「義務」についての普遍的な正しさは、「自己確信」だけでは保証されえない。

そこで、「良心」にあっても、個々の「義務」は、自分の内的確信とその普遍的妥当性とのあいだでやはり矛盾と対立を生みだすことになる。

しかし、「良心」が見出すこの矛盾と対立の意味は、「道徳」のそれとはちがったものだ。「道徳」で生じていた対立は、「道徳」自体が作りだした「理想」と現実の自分あるいは現実社会との矛盾・対立であり、つまり、もともと内的な「純粋思考」が作りだした矛盾だという性格をもっている。言いかえれば、個人のロマン的理想と、それがもたらす貧しい現実という感受の乖離の意識にその根拠をもっている。

これに対して、「行動する良心」が見出している対立は、正しさについての「自己確信」と他者たちの「確信」とのあいだの対立であり、その意味で、より普遍的な意味をもっているのである。

「道徳思想」は自己の「理想」の正しさを求め、これと現実との食い違いを「当為」によって埋めようとする。これに対して、「良心」は、つねに自分の善が普遍的にも「正しい」ことを求める。ここで問題となっているのは、理想と現実の齟齬ではなく、自分の信念と他者の信念のあいだの齟齬なのだ。

このために、正しさに対する「良心」の確信と情熱には、『**普遍性の態度において他の人びとに対してふるまうという本質的な契機**』(450, 344) がある。言いかえれば、「良心」の情熱は、自己の正しさの確証を、他者たちの承認を通して得ようと努力する理由をもっている。つまり、「他者の承認」の契機がふくまれているのだ。

とはいえ、さしあたりは、「良心の行動」の力点は自分の個別的な信念を「表明」し、それを具体的な「行動」に移すことにある。

「良心」は、「道徳」のように、自分が設定した「理想」にあわせて世界を理解し、認識することに力点をおかず、まず自己確信を信念として「表明」し、それを「行動」に移すことで、自分の「正しさ」を「他者」たちに対して確証しようとする。そこに「行動する良心」の本性がある。

だから、「行動する良心」では、内的な確信が「行動」によって〝表現〟され、他者がその意味を認めることで普遍性を得られるかどうかということが問題となっている。この善がほんとうに普遍的な善を意味するか、とか、なぜ道徳的な人間が幸福とならないか、といった矛盾は、ここではもはじめから本質的な問題とならず、いわば〝解消〟されているのだ。

「良心」においては、「正しさ」の信念はその「行動」を通して「表現」される。だからそれは、他者の承認を通して普遍的なものとなりうる可能性をもっているのである。

善についての「自主性の至上権」

近代の「道徳意識」は自分が内的に打ち立てた善の「理想」を絶対的なものとして、この基準からすべてを判断する。しかし「良心」では、実際の「行動」によって世の中をよくすることがいちばん大事なことだと感じられている。そのため、潜在的には、行動の結果がほんとうによいものかどうかという判断、言いかえればつねに状況に対する「知」の力が問題となる。

だが、にもかかわらず「良心」にとっては、「知ることの普遍性」(自分の行為が正しい状況判断にもとづいているか)ということがその核心ではない。「良心」にとって重要なのは、あくまで「自己確信」、つまり「自分はどうしてもこれが正しいと思う」という自己の信念であり、またそれにしたがって行動することなのである。

正しさについての「理想」をもち、したがって何が「正しい」かは明らかであり、自分のみならず他人もそれにしたがうべきだ、と暗黙のうちに考えている人は「道徳の人」である。これに対して、「良心の人」は、世の中の現実はさまざまな事情が複雑にからみあっているので、「何がほんとうに正しいことか」についての絶対的な「知」は存在しえない、ということを自覚している。「社会についての全知はありえないが、それでも自分は自分の信念に則《のっと》って正しいことを行ないたい」と考えるのが「良心の人」なのだ。

また「良心の人」は、生活のなかのさまざまな場面で、そのつどどういう態度や行為を取るのがもっとも「良心的」だろうか、と考える。彼は、もはや宗教的権威も、習俗のルールの権威も善の基準たりえないことをよく知っている。この世はさまざまなルールの網の目であること、人間の善悪を決める絶対的な基準がもはやどこにも存在しないことを、近代人としてはっきり自覚している。そしてさまざまな場面で、自分自身がその個別的な判断の絶対的主体であることを知っている。

しかしにもかかわらず、結局正しいことの基準などないのだとは考えず、いかに判断し、行動するかについて、必ず「自分のほんとう」があるはずだと考えるのだ。

「道徳の人」は、自分の信念の基準を、いわば理性の論理、つまり「かくあるべし」という論理的判断からの要請においている。これに対して、「良心の人」は、その基準を「もろもろの衝動と傾向」にしたがう「自然的な意識」においている。つまり自分の「感性」においている。**『ある内容を無媒介な自己確信から得ようとするときには、手許にあるものはと言えば、感性以外のものはないわけである』**(453, 347)。

「良心の人」は、つねに絶対的基準から「かくあるべき」を引きだす人ではなく、「何が自分にとってほんとうだろうか」と自分自身の心に問い尋ねる人、そのつど自分の「良心」の声を聴こうとする人である。しかし、ここからまた「良心」にとっての困難も現われてくる。

「良心」は、あらかじめ絶対的基準をもたず、何が「ほんとう」かをそのつど探しているので、他者の承認を確かめようとする心意をもっている。しかし一方で、「良心」にとってもっとも重要なのは「自分にとってのほんとう」、つまり「自己確信」にしたがうことである。ここに、素朴な「良心」がぶつかることになる「ほんとうとは何か」についての大きな矛盾が胚胎する。

たとえば、一般的には、家族のために勤勉に働くこと（稼ぐこと）は「善き義務」だが、また、他人のために施すこと（慈善をなすこと）も「善行」だとされる。「良心」はそれを知ったうえでどちらかを優先するわけだが、しかし他人は、彼の行為をある場合は「欺瞞的」だと非難したり、また逆に「臆病」だとか「不正」だと言うかもしれない。「良心」はこの非難に対して、「自分はこれが正しいと信じる」と抗弁することができる。だが、このとき、「良心」は、「正しさ」についての絶対的な基準のないことを知っており、彼が誠実であるほど内心で悩むことになる。

〔⇒〕王がある臣下を陥れるために、いつわりの証言をしなければ殺すと別の臣下に命令し、それを彼が受け入れるかどうかという話が、正しさの決断の例として、カントの『実践理性批判』に出てくる。カントの「道徳」の考えでは、いつわりの証言を拒否することが「正しい」、ということには疑問の余地がない。

しかし「良心」なら、その行為がただちに自分の死を意味する以上、こういう場面での一般的な「正しさ」のために、自分の命や家族を見捨てることが「ほんとうに正しい」ことかと内心に問い尋ねるだろう。「良心」においては、「正しさ」の基準はカントが考えるほど自明ではなくなる。

こうして、「良心」がであう倫理上の困難は、第一に、「正しさ」の選択の根拠がつねに多義的かつ多様性をもつため、「内的確信」は絶対的な根拠をもちえない、という点にある。これは「正しさ」の主観性と客観性の矛盾であって、他者の判断がつねに正しいとも言えないが、自分の内的確信さえあればよしとも言えないのだ。

第二に、個別的な善と社会的な善のあいだの矛盾も現われてくる。ここでも、どちらが優先されるべきかの明確な基準は存在しない。

たとえば、一般には、個人の「義務」（家族のために）は、社会の義務（人びとのために）よりも価値が低いとされる。同じく、社会の義務はすでに「法」や「制度」として存在していて、まずこれに従うことが当然のこととされている。

しかし「良心」にとっては、社会の公共的善がつねに個人的「善」より優位であるとはいえない。すでに存在する「法」や「制度」が、ほんとうに人びとの福祉に寄与するものかどうかについて、「良心」はこれを自律的に判断しようとするのだ。

近代における人間の「良心」は、要するに、その判断の根拠を既成のどんな権威にももたないだけでなく、特定の理想＝「純粋義務」にもおかない。そのつどの自分の「内的確信」だけを、善悪の判断の絶対の根拠とする。つまり「良心」は「絶対的な自主性の至上権」をもつのだ。そしてまさしくそのために、善についての「主観性」と「客観性」、「個別性」と「普遍性」の矛盾が必然的なものとして現われてくるのである。

「断言」による信念の表現

「良心」が「道徳」に一歩先んじる点は、善悪についての前提的な絶対根拠(つまり理想化や真理性)を取り払っているという点にある。しかしまたこのことから、「良心」の「内的確信」とそれに対する他者の評価や承認のあいだの食い違い、という問題が生じてくる。

しかしそれは単に主観と客観の対立というにとどまらない。ここでは、行動の「正しさ」の妥当性(普遍性)は自己にとっても他者にとっても絶対的な形では存在しない。そのため、「良心」自身のうちに「ずらかし」、つまり暗黙の欺瞞(ごまかし)が生じる可能性が現われてくるのだ。「良心」は、自分の個的な義務を社会的な義務に優先させるとき、しばしば、「この選択のほうがより正しいという確信を自分はもっている」、と自分に言い聞かせることができるからである。

しかし、「良心」が「良心」たる所以は、行動の「内的確信」を、あくまで普遍的なもの(「ほんとう」)たらしめようとする心意にある。

つまり、自分の「行動」がさしあたり善きものであるという評価を他者から受けられないとき、良心はそれをどうでもよいこととはせず、さらにその根拠を求めようとする。この努力を怠るなら、「行動」は単なる内心の自己満足となり、結局のところ「道徳」の「純粋義務」と変わらないものになるだろう。

こういう場面で「良心」は、自己の「正しさ」を支える根拠として、「断言 Versicherung」、つまり「言葉」によって自分の意図を表現することという手だてを見出す。

これまで「良心」は、もっぱらその「行為」によって自分の内的信念を表明していた。具体的行為によって「善きこと」を少しでも実現することが、「良心」の本領だった。しかしその行為の普遍性が十分に承認されないとき、「良心」は、自分の「行為」の意図とその根拠を、いわば意を尽くして他者に伝えようとする。

「良心」の「言葉」は、「道徳」の言葉がそうだったように単に抽象的な理想的命題ではない。自分の「正しさ」の根拠を「断言」というかたちで示し、そのことで自己の信念を他者の外的な批評にさらすのである。『**したがって、この断言が断言しているのは、意識は自分の信念が本質であることについて信念をもっているということである**』(459, 352)。

この「断言」はしかし、単に自己確信についてのやみくもな強調ではなく、自分の行為の正しさの根拠を明示しようとすることだ。このことを通して、「良心」は、「行動」につきまとう限定性を克服し、自己の信念をいわば普遍性のテストにかけようとするのだ。

たしかに「良心」は、「正しさ」の根拠を絶対的な知としてもっているわけではない。

しかしそれでも、その根拠を「言葉」のかたちで全面的に他者に示そうとする態度を見て、他者のほうは、自己確信を普遍的なものたらしめようとする良心の意志じたいは承認しないわけにはいかない。

そこで、『**この断言という言明が、それ自身において自己の特殊性という形式を撤廃する所以のものであり、自己は言明することにおいて自己にとって必然的な必要な普遍性を承認している**』(*460*, 352) ということになる。

こうして、「良心」は、自己の「内的信念」の根拠を「言葉」として表現することを通して、はじめて本質的に「良心」たる存在となるのである。

しかし、十分に注意すべきは、この「言明」がもたらしうるものは、ただ「信念の普遍性」を検証しようとする心意ということであって、個々の「行動」についての正しさの確証それ自身ではない、ということだ。

美しい魂

つまり、言葉による「内的確信」の表明は、また別の危険をもっている。

ある場合には、「良心」は、この「言葉による承認」を絶対的至上権として、自分の好むままの内容を「正しさ」の内的な自己確信のうちへと差し入れるようになる。すなわち、「良心」はいわば「道徳的天才」となり、みずからの「言葉」を、神の声とひとしい、内なる真理の啓示の声とみなすにいたることがある。そこでは、このような絶対的「内的確信」を表現する「良心」の「行為」は、「教団の神奉仕」といったかたちをとる。

このような「良心」のありようは、本質的には、「純粋に内面的に自分自身を知りかつ聴く」という、独断的な真理＝神への奉仕の意識である。一つの「教団」、つまり自分たちの共同性の中で内側だけの承認を分かちあうのである。ここで「良心」は、みずからの知と意欲を「普遍的なもの」として互いに言明し、互いに承認を与えあう。『**彼らの良心性や意図の善良さを互いに確認し断言しあうこと、互いの純真さを歓びあうこと**』(*461*, 353) だけが問題とされるのだ。

こうして教団のうちなる「良心」は、自己確信のうちに「普遍的なほんとう」があると信じるのだが、じつは、その「ほんとう」は共同体的な承認によって支えられているにすぎない。しかし「良心」はこのことを自覚せず、自己確信と「ほんとう」との絶対的な一致を信じ、『**そしてこの知をもって宗教であるとする**』(同前)。

こうして、「良心」は、このような共同体的な承認の形式のなかで、ほんらいの普遍性の契機を失い、「正しさ」や「ほんとう」についての確信は、結局、単なる「自己確信」

にすぎなくなる、という円還へと帰着する。「絶対の自己確信」が成立しているように見えるが、それは「絶対の偽り」でもあるのだ。

この「絶対の自己確信」は、もはや自分の「ほんとう」の普遍性をたえず確かめようとする心意を失い、その保証をどこにももたない。この偽りの「良心」は、自分の心胸の純潔を保とうとして現実と触れあうことを回避しており、その内実は、「ほんとう」のものへの「憧憬」だけになっているのだ。

こうして、『**美しい魂と呼ばれるひとつの不幸な魂の光輝は内面において次第に消え失せて行き、そうしてこの魂は空中に失せる形のさだかでない靄のようになって消え去るのである**』(463, 355)。

〔⇒〕この「美しい魂」は、当時のロマン主義の哲学者ヤコービやシュライエルマッハー、また小説家ノヴァーリス(『青い花』は有名)などが念頭におかれている。また、「美しい魂」という言葉は、最初シラーが用い、さらにゲーテの『ヴィルヘルム・マイスターの修業時代』の第六巻「美しい魂の告白」で広く知られるようになったもので、内面の美しさを大切にするあまり、現実との接点を失ってしまう魂のあり方を指す。ここでの「美しい魂」は、つぎのところでふたたび「批評する良心」という仕方で登場する。

悪と赦し

「良心」の本領は、「正しさ」についての「内的確信」と、この確信の「普遍性」を求めようとする心意にあった。「良心」はこの「普遍性」の確証を、自己確信の内実を「言葉」によって表現することでつかもうとしたが、それはある場合、「美しい魂」という集団的なかたちをとった。つまり限定された共同体のうちでの「普遍性」の確証にすぎなくなる傾向をもった。

「良心」は、こういった困難を超え出るべく、もう一度自己の「信念」と他者の「信念」がするどく対立する場面にぶつかる。そしてそれは、典型的には、「良心」における「個別性」と「普遍性」という二つの契機の対立、つまり「行動する良心」と「批評する良心」のあいだの相互批判というかたちをとる。

この場面で「良心」は、「個別性」の契機、つまり自己の内的確信とその行動に重きをおく「行動する良心」というタイプと、「普遍性」の契機、行動よりも理論（考え方）の普遍性に重点をおく、「批評する良心」というタイプとに分かれる。

くりかえせば、「行動する良心」は、行動の正しさの判断について「全知」がないことを知っているため、その「普遍性」よりも行動についての「自己確信」に、つまり理論より実践に重きをおく。これに対して、「自己確信」は二次的であり、行為の正しさの客観性を確保することのほうがより本質的である、と考えるのが「批評する良心」である。「批評する良心」から見ると、「行動する良心」には、明らかな「偽善」がある。というのは、「行動する良心」は、「正しさ」についての考えの違いがあること（全知のないこと）を知っているにもかかわらず、これを吟味することを放棄してただ自己の信念に固執している、と見えるからだ。

「偽善」とは、何が「真実」（普遍的なもの）であるかを知っているのにこれを無視することだ、という考えがある。しかし、「偽善」の本質は、むしろ、内心では一般的に「真実」とされているものを認めないで軽蔑しているのに、自己利益のためにこの観念を利用するという点にある。

つまり、「行動する良心」が偽善であると批判されるのは、「正しさ」に「全知」がないことを暗黙のうちに自覚しながら、なお「自己確信」に固執しているためだ。「行動する良心」が、自分の行動は「内的な信念」にしたがった結果なのであくまで「正しい」と断言するとき、「批評する良心」からいえば、この断言はそれ自体自己を正当化する虚偽の言葉であり、自分の「悪」を認めていることになる、とされる。つまり、このとき「行動する良心」は、自分の「個別性」にすぎないものを「普遍的なもの」と強弁しているのである。

この点では、「批評する良心」の批判に分がある。「良心」の本義が、内的な自己確信だけでなくどこまでも「普遍性」を求めようとする態度にある以上、たとえそれがどういう結果をおよぼそうと自分は内的な「良心」にしたがっているのだから「正しい」、という主張は成り立たない。そんな主張は自分の勝手な信念のために人びとを利用しているだけだ、と言われても仕方がない。ここには、まさしく承認の契機が抜け落ちているのだ。

しかし、「批評する良心」が「行動する良心」の矛盾をつき、「偽善」や「悪」であると非難の言葉を向けることは事態の一つの契機にすぎない。このことから、こんどは逆に、そのような「批評する良心」の批判のうちにも矛盾が潜んでいるのではないか、という疑念が現われてくる。

「批評する良心」と「行動する良心」

「批評する良心」は、「行動」という具体的場面に踏み込む代わりに、ひたすら「正しさ」の普遍性を理論的に吟味しようとする良心である。だが、ここにはすでに「批評する良心」の弱点が示唆されている。理論的に「判断」するという領域から踏み出さないことによって、「行動する良心」がぶつかる具体的現実がはらむ矛盾に出会わずにすんでおり、そのことでいわば自らの「純粋さ」を保っていられるのだ。

「批評する良心」は、自分のその弱点を多少は意識している。そこで判断し批評すること自身を、一つの「行動」として受け取ってほしいという心意をもっている。たしかに理論的に何が普遍的かを考え、言葉によって表現することは、ある意味で一つの「行動」であると言えなくはない。

だが、「批評する良心」が、「行動する良心」を普遍的な考えを欠いているとして、「偽善」や「悪」であると指摘するとき、そこには、自分の「正しさ」を求める「卓越した心情」を認めてほしい、という本音が隠れているのだ。

つまり、普遍性を求める自らの立場を強調することのうちに、他者から「正しい人間」として承認されたいという自己動機が、そこに姿を現わしている。すなわち、『**実行の伴わぬ自分の語らいをひとつの卓越した現実として受け取ってもらいたいと要求している**』(468, 359) のである。

こうして、「批評する良心」のほうにも大きな弱点が存在することが分かる。一方が、自己の「行動」の信念に固執してその普遍性を吟味することを怠っているのに対して、他方はその信念(理論)が「行動」を欠いているために、普遍性が検証される契機を欠いているのだ。このことによってまた、「行動する良心」に対する「批評する良心」の批判は、十分にフェアなものとは言えないことが分かる。

侍従には英雄なし

「行動する良心」は、具体的な行動を通して多少なりとも社会に「善」を実現しようとする、いわば素朴な良心である。だから、そこにはたしかに行為の結果に対する十分な吟味が欠けている面がある。だがそれでも、その心意の真率さを考えれば、「行動する良心」がもたらす結果を全面的に否定することはできない。

　しかし、「批評する良心」は、「行動する良心」の「行動」にひそむ「私的動機」の面を拡大し、そこを批判する。つまり、相手の「行動」を、ただその「利己的な衝動」という点だけで解釈し批判しようとするのである。

　どんな美しい犠牲的行為や献身的行為でも、そこに自己満足、名誉欲、自負などの契機がまったく存在しないということはありえない。だから、相手の「行為」のうちにひそむ「利己的動機」、いわば動機の不純を突く「批評する良心」の批判は、「行動する良心」にとってはなかなか手強い批判となる。

　ところでしかし、「侍従には英雄なし」ということわざがあって、これは英雄も高邁な動機だけで行為しているわけでないことへの批判である。だが、この批判は一面的にすぎるので、ここでは英雄よりも侍従の目のほうに問題がある。どんな立派な人間の行為にも必ず自己動機の側面があるが、侍従の目からは、つねに自己動機だけが人間のあらゆる行為の真の理由と見える、ということなのだ。

ともあれ、「行動する良心」は、自分の偽善を批判する「批評する良心」のほうにも、自分と同じく暗黙の欺瞞や弱点があることに気づくことになる。「行動する良心」は素朴な良心なので、双方ともに利己的動機に固執していることを認め、まず、自分の矛盾の「実情」を相手に告白しようとする。そして、自分のほうでもそのことを認めたのだから、相手もまた自らの矛盾を認めて、互いに「承認」しあい「和解」しあうことを求める。

しかし「批評する良心」は、「行動する良心」のこの申し出を頑《かたく》なに拒否して、相手を受け入れようとしない。そして、「これによって舞台は一変する」。

「行動する良心」は、相手のこの態度を見て、不正であるのは自分よりむしろ相手であると知る。たしかに「批評する良心」は、「行動する良心」に自己動機からくる内的信念への固執があることを的確に指摘した。しかし、自分のほうは、自らの矛盾を自覚しようとせず、自身の「美しい魂」に固執してあくまで相手を非難するという態度をとっているのである。

こうして、むしろ「批評する良心」こそ「精神」の本質を見損ない、否定しているのだと「行動する良心」は考える。「行動する良心」のこの批判には理由がある。普遍的な「精神」とは、主体的な「自己確信」としてつねに自らの思惟と行為を吟味しつつ、それがほんとうに「現実」との普遍的な関係を保っているかどうかを検証しようとする存在である。したがってまたいつでも自己の過ちを認めて修正しうる存在でなくてはならない。それが近代人の「良心」が「良心」たる所以なのである。

さて、はじめは「行動する良心」の内心の自己動機を指摘して、「良心」の本質的なあり方を示したように思えた「批評する良心」は、両者の批判のやりとりのなかで、むしろそれ自身が「正しさ」の普遍性にこだわり、そのことで「美しい魂」という類型へと陥っていることを露呈することになった。

「良心」は、「道徳」のもつ困難を克服しようとして現われた新しい近代倫理の精神だったが、それが、行動から生じる現実との矛盾を回避し、ただ理論と精神の純粋性に固執する方向に向かうならその本質を枯らしてしまうのである。

赦しと和解

人間の「精神」は過ちを犯す。しかし、このことが深く自覚され了解されるかぎり必ずその過ちを取り戻すことができる、ということがまた精神の本質に属している。

ここで生じている思想的対立の本質は以下のようである。「行動する良心」は、自分の個別性に依拠する意識である。つまり、正しさの内的信念にもとづいて個々の行為にかけることにこそ、人間の「ほんとう」があると考える。だが、個々の行為の意味は、社会的な善の普遍性という観点からは絶対的な妥当性の保証をもたないから、その信念に固執しすぎると結局のところ自己満足に近づいてゆく傾向をもつ。

これに対して「批評する良心」は、「絶対的なほんとう」を、「思想」の客観的な正しさ(普遍性)という点においている。しかし、社会的な「善」の全知は存在しないから、その思想も人びとの承認による検証を通さないかぎり普遍性を保証されない。だから、理論の正しさこそすべてであるといった「信念」に固執し、もっぱら「行動する良心」への批判にかまけて自らの思想を検証する努力を怠るかぎり、同じく誤りに陥ることになる。

この二つの「良心」の対立は、まず「行動する良心」が、自分と他者(批評する良心)のうちにある「自己動機」を自覚し、はじめに自分の非を認めることで和解の可能性をつかんだのだった。そこで、もし「批評する良心」が、みずからのうちにも非を認め、自分の絶対的な正当性を投げ捨てて相手の立場を認めるなら、そこに「赦し」(和解)が成立することになるだろう。

相手に対する「然り」という承認と和解の言葉によって、対立する「良心」どうしの

「相互承認」が成立しうるのだ。そしてこのときはじめて、「絶対精神」の本質が、つまり「自己意識」のはじめに示唆されていた、「自由」な精神のあいだの本質的な「相互承認」の関係（＝純粋な承認の概念）が実現するのである。

自己確信の本質としての〝然り〟

われわれは、近代人の精神が、まず自由な自己意識としての「啓蒙」から出発し、そこから歴史のなかでのさまざまな思想の対立のかたちをとって進んできたのを見てきた。この対立は、いまもしばしば、敵対的で解くことのできない「世界観」の違いのように現われている。しかしこの対立の本質は、人間の「精神」のうちにある本質的諸契機（特殊性、個別性、普遍性）が、はじめは統一を見ず、ばらばらの形式で現われて相互に矛盾しあうということのうちにある。

近代精神の必然的な思想対立の展開のプロセスを、もういちど大きく確認すれば以下のようになる。

はじめの大きな対立は、近代思想における「理神論」「唯物論」「功利主義」の思想のせめぎあいとして現われた。それぞれが自分の思想を「正しい」世界観として主張したが、われわれの見方からは、この対立は近代的世界観が含む、自体、対自、対他といった諸契機が、別々に「ほんとう」だと主張されて現われ出たことの結果である。そして最後に登場した「功利主義」がこの対立をもっともよく統合する思想となった。

つぎに「人間」と「人間のための社会」を「絶対的なほんとう」とする「絶対自由」の思想が現われたが、これは「死の畏怖」の経験を通して内面化され、はじめの近代的倫理としての「道徳」が登場した。

「道徳」思想の弱点は、特定の理想理念が絶対化（超越化）されている点であり、このため「正しさ」は、人間にとって絶対的な「義務」として現われた。そして「道徳」思想の弱点を克服すべく、近代思想の最後の舞台に登場したのが「良心」である。

「良心」は、近代人の倫理性の最高の境位である。それがもつ優位は、「道徳」が固執していた「純粋義務」、つまり独善的で対的な「理想」への固執をすて、どこまでも「普遍性」を、すなわち他者承認の契機をつかもうとする点にあった。このとき「良心」は、「人間のほんとう」を外的な絶対者にではなく自分自身の「内的本質」としてつかんでいるという点で、「自己を確信する精神」たりえている（良心 Gewissen には、自己確信 Gewißheit のニュアンスがふくまれている）。

しかし見てきたように、「良心」においてもまた、一方で、自己信念と行為の「個別性」に「ほんとう」をおき、他方で思想の「普遍性」に「ほんとう」を見るという力点の違いによる対立が現われた。

もはや明らかなように、この対立は、「良心」のうちにある「個別性」と「普遍性」(すなわち実存的契機と、社会的契機)という二つの契機が、各人の資質に応じて力点の分かれを生み、対立的な思想のかたちを取ったものにほかならない。そう見ると、この対立は、「人間のほんとう」へ向かおうとする近代の「良心」の情熱が経験する、避けがたい対立だったことが理解できる。

近代における一切の思想的な対立は、はじめはつねに絶対的で敵対的な世界観や思想の対立のように見える。しかしこの対立の本質は、われわれの「精神」に内在する諸契機の対立にすぎず、決して根本的で非宥和的なものではない。

近代精神の倫理性は、潜在的に相互的な「自由」の実現を目標とし、その本質力に導かれて徐々に精神の「相互承認」へと近づいてゆく、という本性をもつ。「良心」における個別性と普遍性という二契機の対立は、それが倫理の本質としてともに不可欠で本質的な契機であることを、「自我」(資質)の対立をとおして互いが承認してゆくという経験なのである。

『この「然り」は、自分が純粋知であるのを知っている両方の自我のただなかに現われてくるところの神である』(472, 362)。

つまり、この「然り」のうちにこそ、「自己自身を確信する精神」の真の本質が、つまり対立とその克服という運動のなかで自分自身を実現してゆく「絶対精神」（＝神）の本質が、その象徴的なすがたを見せているのである。

〔☆⇓章末解説〕

「理性」の章で、われわれは「自己意識の自由」に挫折した人間が、社会的な人間関係のなかで承認をえようとする精神の発展段階の範型をみてきた。「精神」章では、ヘーゲルはこれを人間の歴史の展開の局面に移し変えている（ヘーゲルでは「精神」という言葉には、人間精神が社会的に実体化されたもの、つまり慣習や社会制度などの総体というニュアンスが含まれている）。

つまり、「精神」章では、「絶対精神」と精神の本質を分け持つ人間精神が、どのような道すじでその内的本質を歴史的に〝展開〟させてきたかが描かれる。この意味で、「精神」章は、ヘーゲルによる歴史解釈、つまり歴史哲学が示されているといってよい。その流れをまとめると以下である。

①「ギリシャ・ローマ」……「人倫」→「抽象的法の精神」

②「近世」……「教養」→「信仰」
③「近代」……「啓蒙思想」→「絶対自由（革命）」→「道徳」→「良心」

この〝歴史哲学〟において、ヘーゲルは、いってみればつぎの二つの根本的な問いに対して答えを与えようとしている。第一に、人間の存在本質とは何か。第二に、近代社会の到来の意味は何か、である。

第一の問いについて、ヘーゲルの答えを言えばこうなる。人間は生まれつき「自由」な存在だとは言えないが、その存在本質は「自由」である。なぜなら人間は、「絶対精神」（至上存在）と「精神」の本質を分有しているために、「自由」を求める本性をもっている。

しかしそもそも人間精神が「自由」を求める本質をもつことが、自由と承認をめぐる人間どうしの闘争を引き起こし、その結果、人間の歴史は、普遍支配つまり「主と奴」の構造の歴史となったのだ。

「精神」章はギリシャの「人倫」から出発しているが、ここでは、はじめ個と普遍性（全体）との素朴な一体性と調和がある。しかしそれはいったん分裂し、ローマ帝国において主と奴の支配構造の一つの頂点を迎える。その後人類は、長く引き裂かれた「不幸の意識」のうちにおかれるが、しかし徐々に「自由」を求める自己の本質を自覚し、そのことが歴史の新しい展開の根本動因となる。

近代は、このような人間精神の運動が、自らの「自由」の本質をはっきりと自覚することで、もはや後戻りしえない段階に入った時代を意味する。まさしくこのことが「近代」の決定的な意味である。こうして、「信仰」と「啓蒙」のせめぎあいの後、理神論、唯物論、有用性という近代的世界像を生みだした人間精神は、やがて「絶対自由」という新しい理想（絶対本質）にめざめ、社会自体の変革を試みるにいたる。

この新しい理想と試みは恐怖政治の体験によって挫折するが、しかしこの挫折は決定的なものではなく、このことで過激な理想は内面化され、近代的な倫理精神つまり「道徳」と「良心」という範型を生みだすことになる。

ここでの「道徳」と「良心」の推移、そして「良心」の二つの類型の対位法の箇所は、「理性」章における「事そのもの」と並んで、『精神現象学』の白眉をなす場面といえる。

まず、「道徳」から「良心」への推移は、カント倫理思想の道徳哲学に対するヘーゲルの徹底的批判であるとともにその継承でもある。ヘーゲルによれば、「道徳」思想は近代倫理精神の必然的な類型ではあるが、自己理想に固執することによって、「自由」の本質的な相互承認の境位にまで達することができないのだ。「精神」章は、こうして最後に「行動する良心」と「批評する良心」との相克と和解を描くことで締めくくられることになる。

「批評する良心」と「行動する良心」の対立においては、はじめに「行動する良心」が自分の非を認め、「批評する良心」がこれを拒絶し、「行動する良心」が最後に、「精神の本質」の最も重要な自覚者となる。しかしこのストーリーは、当時ヘーゲルが身を置いていたプロシャドイツにおける近代的知識人の思想的対立の構図を反映したものであるから、必ずしも近代思想の典型的な進み行きととる必要はない。

ともあれ、ここでの「批評する良心」と「行動する良心」の対立関係をどうイメージすればよいだろうか。

ヘーゲルによれば、カントの「道徳」思想は、宗教的倫理に代わる近代人のはじめの本格的な倫理思想だという功績をもつ。しかしそれは、特定の理想理念によって「善悪」の絶対的基準を立てていることに無自覚なため、近代社会の倫理思想としては大きな欠陥をもつ。近代社会は、基本的にさまざまな人間の多様な「善」の追求を承認しあう社会だから、自分の「理想」を善の絶対的基準とする考えからは、「善」についての信念対立を克服しうる原理が現われないからである。

この「道徳」の弱点が自覚されたとき、「良心」というもう一つの倫理的精神が登場する。「良心」は、「全知」はないという認識によって「善の多様性」を自覚している。すると「良心」において生じる新しい対立は、人間と社会についての複数の「理想」どうしの対立ではない（つまり、もっとも典型的なのは、イデオロギー対立など）。この複数の理想の対立は「道徳思想」における信念対立の類型である。「行動する良心」と「批評する良心」という思想的対立の本質は、個別的な「ほんとう」と普遍的な「ほんとう」との対立という類型なのである。

このようなヘーゲル的「物語《ストーリー》」は、一見きわめて抽象的なものと思えるかもしれない。しかし、「政治と文学」、「理論と実践」、「感性（肉体）と理性」といった、政治、文化、社会的領域における思想上の対立の類型は、どんな近代国家においても例外なく存在してきた。たとえば、日本でも「政治と文学」をめぐる文学論争が長くつづいてきたが、その中心の論点は、人間の「実存性」の強調に対する人間の「社会的存在」の強調、つまり「個別性」と「普遍性」の対立にほかならない。

また、たとえば実際的な政治活動をおこなう実行者は、いわば自分の「魂の清潔さ」よりも「社会的な事業」の有効性を重んじなくてはならないが、批評家や思想家は、彼らの隠れた私的動機や「不純さ」をつねに批判する。これに対して、実行者は、批評家や思想家のほうを、社会のために手を汚す矛盾を回避して「自分の魂の純潔」だけを守っている人間だと考えるだろう。

このように、近代社会では、第一に異なった「理想」の立場（これはイデオロギー対立となる）、そして第二に個別性と普遍性の立場（これはいわば感受性の対立である）が、いたるところで議論の対立としてせめぎあうのだ。

あるいはまた、人文科学のすべての領域で現われているさまざまな理論の対立も、潜在的に、人間観や理想の対立、そして個別性と普遍性の力点の対立をその核としてもっているといえる。そう考えれば、ここでヘーゲル的ストーリーがもつ原理的な意味はよく理解されるはずだ。

第五章　宗教

竹田青嗣

〔☆⇓〕ヘーゲルでは、「世界」は「精神」それ自体であり（絶対精神）、人間は、この「精神」の本質を分有した個別の精神である。そこで、人間の「理性」や「精神」は、世界の本質（つまり自己自身の本質でもある）を経験的、概念的に認識しようとするのだが、「宗教」は、それを、直接的にまた表象的に、「絶対者＝神」というかたちで認知しようとする精神のありようである。

宗教の歴史は、したがって、人間精神が、徐々に自分自身の本質である「絶対精神」（＝絶対者）についての「知」を深めてゆくプロセスだとされる。その順序は大きく以下のようだ。

①「自然宗教」……宗教の最も素朴な形態。〔「意識」に対応〕

②「芸術宗教」……自然宗教が、人間の表現性として現われた形態。「聖なるもの」についての人間の感度と創造性が現われる。〔「自己意識」に対応〕

③「啓示宗教」……この二つが統合されて、精神的思想として現われてくる。〔「精神」に対応〕

A　自然的宗教

まず「自然宗教」は、「光」の宗教、「動植物」の宗教、そして「工匠」の宗教へ、という進み行きをもつ。ペルシャのゾロアスター教（光の神と闇の神）、インドのバラモン教（シヴァやヴィシュヌなど、聖獣的多神教）、そして、自ら創造した建築や創作（ピラミッド、スフィンクス、オベリスク、神殿など）を礼拝するエジプトの宗教などである。

この宗教形式の発展は、人間精神が自分自身を高めてゆくプロセス、「感覚的確信」→「知覚」→「悟性」と対応している。つまり、宗教としては、「光の神」→「動植物の神」→「工匠の神」という発展のプロセスをとる。

たとえば、「光の神」は、意識がまず世界を一つのものとして、つまり「一元論的」に捉える仕方を反映している。光は一切を存在させる根本的な「一者」だからだ。しかしこの「一者」が意識されると、すぐに、これに対立するものとしての「闇」の観念が現れる。こうして「光と闇」の二元論は、はじめの素朴な一元論からの必然的展開でもある。

インドの聖獣神（シヴァやヴィシュヌなど）の範型は、世界の多様性の展開（神がさまざまなものに流出するという汎神論）を意味する。ここでは、知覚のもつ多様性の本性が反映されている。また、エジプトの「工匠」の宗教は、意識が多様な事物の意味を「概念」によってまとめあげ対象化してゆく、「悟性」の段階に対応する。「工匠」の宗教は、人間が自分の存在を「魂」として自覚するはじめの意識であり、それは「スフィンクスの謎」という象徴的な場面にまで進むことになる。つまり、その謎の「答え」は、「人間」すなわち「自由な自己を知る精神」、あるいは「自己の分裂を知る精神」というものだ。

このように、もっとも素朴な「自然宗教」は、人間精神がはじめて世界を一つのまとまり、そして意味として捉える段階の意識を反映しているが、ここではまだ、「自己意識」は、明瞭なかたちでは現われていないことが分かる。ただ、世界と自然に対する強い畏怖と憧憬が、さまざまな表現形式をとっているのだ。

B 芸術宗教

「芸術宗教」は、人間が自己存在を自覚する「自己意識」の段階へと入ったことを象徴している。たとえば、ギリシャ芸術の創造性・表現性は、人間が自己の「神的な本性」を自覚し表現する一つの宗教的な段階である。「宗教」はいわばイメージの形式における、自己の神性についての自覚〔人間が精神的本質をもつこと〕だが、ギリシャではそれはとくに芸術表現のかたちをとった。ギリシャでは人間の自由が一定の仕方で確保されたからである。つけ加えれば、ギリシャ的宗教は、宗教の最高形式であるキリスト教（＝啓示宗教）への媒介者としての役割をもつことになる。

「芸術宗教」の進展は、①「抽象的芸術品」（ギリシャ建築・彫刻や祭祀）→②「生ける芸術品」（密儀・祝祭的競技）→③「精神的芸術品」（叙事詩・悲劇・喜劇）という道を進んだ。

建築や彫刻芸術は、ギリシャ的神々の芸術的な造形を通した、ギリシャの民族精神の自覚の現われであり、宗教密儀やオリンピアの競技的祭祀は、人間存在（本性）の神化という意味をもつ。

さらに、ギリシャの自由精神はその人間性の表現を、叙事詩、悲劇、喜劇という形式においてもった。

「叙事詩」においては、「神々」「英雄」そして「戦争」が主題となり、民族精神、歴史的出来事、つまり戦争や人間存在とその運命の普遍性などが表現される。たとえばトロイ戦争におけるアキレウスなどはその典型だ。

「悲劇」においては、著しい言葉の高次化が見られ、人間生活の「内容」が活写される。ここでは、人間の個性、性格、情念そして運命が物語の核心をなし、人間は神々の思惑のなかで翻弄されるのだが、このことを通して、人間と家族や国家との関係やその矛盾が、より深い仕方で表現されることになる。それはたとえば「国の掟」と「神々の掟」の対立や、行動する人間における「知と無知」の対立という形式をとる。

「喜劇」では、人間は、社会的存在としての仮面を外して、生活の享楽を求める生身の人間として登場する。市民の恣意的な主観が前面に現われ、人びとは、自分の欲望や運命の必然にもてあそばれる。そして、そのような人間存在が、ソフィスト的詭弁やソクラテス的イロニーの視線によって、戯画化、滑稽化され、客観化されることになる。人間はその「自己意識」によって、自らのおかれた境遇を含めて自己自身の「主人」となるのだ。

C　啓示宗教（キリスト教）

苦悩する人間イエス

ギリシャの宗教は芸術的特質をもっていたが、それは共同体と人間との素朴で美しい倫理的な一体性（古典的「人倫」の精神）を表現するものだった。しかし、やがてギリシャ社会は、経済の進展によって個人的な欲望の世界が広がり、古典的な一体性の感度は崩れてゆく。ギリシャ喜劇における「イロニー」の意識は、世界と人間の皮相な関係を客観化する「自己意識」の感度なのだ。

ローマは人びとに市民権を与えて、民族国家を超える帝国となった。しかし、ここでの「法的状態」では、人は表向き「市民」＝個人として扱われるが、その内実は専制支配の絶対的なくびきのもとに従属させられている。そこでは人間の「個人性」の意識は、広範な社会の現実としてではなく、ただ特定の人間の内的な意識のなかにだけ自らの場所を見出す。

プラトン、アリストテレス以降登場した、ストア主義、懐疑主義などの哲学は、この意味で、「自己意識の自由」、つまり自己の内面のうちでのみ保たれる「自由」の意識の哲学なのである。

やがて、このような時代背景から、人間の「不幸な自己意識の苦痛とあこがれ」を体現したイエス・キリストの思想が登場してくる。それは、自分を、分裂する精神として意識している精神であり、一方で人間的自由の意識にめざめ、もう一方で、しかし現実の抑圧に苦しむ人間精神の象徴的な表現である。

「精神」としてのキリストの思想は、つぎの二つの面をもっている。一つは、『**実体が自己自身を外化して自己意識となる**』(525, 403)という側面。もう一つは、逆に、『**自己意識が自己自身を外化して自分を**(中略)**普遍的な自己に為す**』(同前)という側面である。

言いかえれば、まず、「絶対存在としての神」(=実体)が、キリストの姿、つまり人間の自己意識の姿をとって世界に現われたという側面。もう一方で、人間の「自己意識」(=主体)のほうが、自分のありようを高めて「神」=実体に近づこうとする側面である。

つまり、宗教の歴史におけるキリストの登場には、いわば、自分こそ世界の主人であると自覚する人間の側と、人間に「精神」としての自己の本質の自覚を促そうとする「実体=神的存在」の側との、相互の歩み寄りがあると考えてよい。

〔⇓〕一方に「実体」(=絶対精神=神)をおき、もう一方に「主体」(人間精神)をおいて、その両契機が互いに調和と統合へと向かって運動する、というのがヘーゲルの精神の弁証法の大きな構図だ。独自の形而上学的なストーリーになっているので、現在の読者からは、このコンテクストが全面に出てくるととても分かりにくい。ただ、こういう構図があることを念頭においておくと多少理解しやすくなる。

キリスト教において何より重要なことは、人間が神的なものを彼岸の世界に〝投影〟してそれに熱狂するといったかたち（グノーシス派など）ではなく、神の本性が、まさしく人間の姿をとって（＝受肉）この世界に現われてくる、ということである。この点にこそ、「啓示宗教」としてのキリスト教の決定的な意義がある。

なぜなら、これが意味するのは、「神が人間となること」、つまり「神的な精神」としての「実体」が「自己意識」のかたちをとって現われるということであり、このことによってはじめて人間は、「神」もまた「精神」という本質をもっているということを理解するからだ。ギリシャ宗教や『旧約』（ユダヤ教）においては、神はまだ、天地の創造主、善と正義の絶対支配者、といった言葉で表象されていた。それは、人間を超えた超越的存在として「物語」化されていたのだ。

つまり、イエスの登場は、絶対神が、単に絶対的な超越者ではなく、「精神」的な存在としてあること、つまり人間とその本質を共有するものであることを、潜在的にではあるが人間に啓示するのだ（『宗教哲学講義』でヘーゲルは、キリスト教は「愛の宗教」として現われたが、そのことの核心的意義は人間精神における「内面性の無限の価値」をはじめて啓示した点にあると述べているが、この言い方はとても分かりやすい）。

しかし、イエスはその「神性」を人びとに示すが、同時に生身の人間として現実のなかで格闘し、苦悩し、最後に十字架にかけられて死ぬ。これはイエスの否定面だが、しかしイエスは「復活」する。そして、この「復活」の意味は、単なる奇蹟以上の重要性をもっている。

それはつまり、生身の人間としてのイエスは死んでも、「精神《ガイスト》」としてのイエスの本質は、信仰をもつ人びとのうちに不滅のものとして生きつづける、ということだ。「精神《ガイスト》」の本質としてのイエスは、信仰をもつ人びとのあいだで、つまり教会において、「聖霊《ガイスト》」として復活し、生きつづけることになる。

キリスト教の歴史

人びとは、まず神の存在を、「一にして、永遠なる実在」、あるいは「永遠の存在としての父なる神」と思い描いた(「永遠、無限にして一なる実体としての神」は、スピノザの神の定義だが、ここでは単に、ユダヤ教の絶対一神教を指しているかもしれない)。だが、このような「永遠、かつ唯一」の存在といった規定はまだ抽象的で、「精神」としての神の本質をよく示しえていない。

そこで、『新約』における「父なる神がキリストを遣わした」という出来事は、いわば神のほうが、「実体」として自ら精神の運動を展開したものと考えることができる。すると、ヨーロッパのキリスト教の歴史を、つぎのような「精神」の表われの運動のプロセスとみなしうるだろう。
①超越的な「絶対存在」としての「父なる神」（「自体存在」としての神）。
②精神的存在としてのキリスト、つまり人間としてのキリストの、神からの自立（対自存在としてのキリスト）。
③その統合としての「聖霊」あるいは「教会」。
このプロセスは、ちょうど、発せられた言葉が他者に聴かれることで発語者から自立し、「言葉それ自身」として、他者との関係の中でその本質を示すという事情と似ているかもしれない。キリスト教の歴史的展開は、哲学的にはいま述べたような仕方で理解できるが、人びとは、あくまでこれを、「父と子の物語」という表象においてつかむのだ。

この表象としての宗教精神は、つぎのような「物語」として描かれる。

まず、それは「天地の創造」と「人間の創造」の物語からはじまる。はじめに創造されたのは、個としての人間、つまりアダムとイヴである。彼らははじめは「無垢」なる存在だったが、「善悪の知恵の木の実」を食べることで罪に堕ちる、とされる。無垢なる存在としての人間が「悪」を知り、そのことで「楽園」から追放されるとは、人間はその出発の時点で自己の「本来」から切り離され、まず「悪」なる存在となったということを意味する。

こういった「物語」において、人間は、自己のうちの「善と悪」の本質的対立を生きる存在として表現される。そしてこの対立は、神の子イエスの場面においても、慎ましく「身を低くした」存在としてのイエス＝善と、「神の怒り」を受けた存在としてのイエス＝悪、というかたちで反復される。

ここで注意すべきは、自由な精神としてのイエスが、自らの行為によって「死」へとおもむき、しかしそのことで「神と和解する」という点だ（キリストの十字架上の死）。ここには、本体から切り離されて「悪」となった「個別者」（キリストあるいは人間）が、その分裂を自ら乗り超えて「神」とふたたび和解しようとする行為が示されているのである。

こうして、キリストの事件を中心の軸として、「実体としての神」の精神の運動がひとめぐりする。つまり、「絶対精神」は、まず自己を、個別的な人間精神（キリスト）として示し、この分離（悪）という契機を死と復活をへることによって再統合する。そのことで自らの「精神」としての本質を「聖霊」（それは教会の本質となる）という像で示すのだ。

こうして神なる「絶対者」は、自己の「精神」のありようを、個体的な精神（キリスト）から「共同の精神」（教会）へと進展させてゆくのである。

〔⇓〕もういちど確認すると、ヘーゲルの哲学体系では、まず「世界」は神なる「絶対精神」であるという出発点があり、精神は無限に自己を対象化する自由な運動性という本質をもつ。そして、歴史は、「絶対精神」からの「個別精神」（人間）の分離としてはじまり、その対立の運動を通して両者の統合が達成されるプロセスである、というかたちで構想されている。

現代の人間にとっては形而上学的物語と言うほかはないが、ヘーゲルはキリスト教の歴史（物語）を、こういった「絶対精神」の運動を示すものと解釈しているわけだ。

教会

こうして「精神」の運動は、最後の場所、つまり「共同の精神」（「教会」）の境地にいたる。「教会」が人間存在に与える解釈は以下のようだ。

人間は、自然な存在として生きるゆえに、つねに「悪」の契機につきまとわれている。イエスは、神による「悪」なる存在としての人間の救済を媒介するはずの救世主だったが、彼の死によって救済は永遠に延期されてしまった。人間は、もはや救世主による救いを頼ることができない。

つまり「教会」はこの事態を、人間に内在する「悪」の本質、つまり「原罪」という仕方で表現するのだが、しかし、このことはまた「和解」の運動のはじまりでもあると考えられる。

宗教的「物語」では、イエスの死は、神が救済者を仲介するイエスを見捨てたということと、また絶対的な救済はありえないという、人間の不幸と苦しみの意識の表現である。だが、これはまた、個体としての人間と「絶対神」との絶対的な対立が終わったということを示すものでもある。

つまりここで重要なのはイエスの「復活」の意味だが、イエスは一人の「個人」としては死ぬが、その復活は、個人としての精神を象徴していたイエスが「聖霊」としてよみがえることを意味するのだ。

こうして、イエスの復活を信じる人間だけが集まって「教会」を作る。そして教会において「聖霊Geist」とは、文字どおり「実体としての精神《ガイスト》」の本質、つまり神の存在本質を、またそれについての「知」を意味しているのである。

〔⇓〕ヘーゲルによれば、「父なる神」は宗教的表象としての「神」のイメージにすぎず、「絶対精神」としての神の本質を深く表現していない。だがそれでもキリスト教は、イエスの「物語」を通してこれを神の存在についての本質的な知へと展開する。それがヨーロッパのキリスト教において「教会」が果たした重要な役割だが、教会が示す「聖霊」の概念がそれをよく象徴している、というのである。

さて「絶対精神」は宗教において上述したようなプロセスをへて、「教会」の境地まで進んできた。これが「啓示宗教」における「絶対精神」の必然的な運動だった。ひとことで言えば、それは、その「本体」としての絶対精神と、そこから分離して「悪」となった人間との、対立と葛藤と和解のプロセスだった。

キリスト教会は、こうして潜在的に、「主体であるとともに実体」であるという「精神」の本質的運動を表現している。しかし、キリスト教会はこの契機をあくまで「表象」として保っているにすぎない。つまり、キリストの受肉、堕罪《だざい》、十字架、罪のあがない、復活などの観念によって。ここには「人間」と「神」との和解のイメージがあるのだ。

だが、教会におけるこの「和解」の意識は、やはり「彼岸とこの世との対立」という分裂した意識（不幸の意識）の枠組みの内側にある。人が現実に生きている世界は、まだ矛盾にみちた不完全な世界だからだ。「絶対精神」と人間との本質的な意味での和解は、この社会の現実的矛盾が解消されないかぎり、ただ遠い未来における「救済と審判の約束」として表象されるほかはないのである。

〈☆⇓章末解説〉

見てきたように、ヘーゲルのキリスト教解釈には独自のものがある。彼はキリスト教の歴史（物語）のうちに以下のような諸契機を読み込んでいる。

まず、絶対精神とそこからの人間精神の分離、そこから人間世界における善と悪という二契機の対立、普遍的な支配の構造と不幸の意識、救済への希望、そしてイエスという神の精神と人間精神を媒介する存在の登場、その死と復活、教会と「聖霊」による個別的精神から共同精神への展開、延期された救済の希望としての「最後の審判」の物語……。

最後に、このキリスト教の歴史＝物語は、人間が、自分自身を、「絶対精神」とその本質を共有する存在として自覚してゆく歴史であることが示される。

しかし、宗教ではそれはあくまで「表象」としてつかまれるにすぎず、これが「概念」として、より本質的により自覚的に把握されるためには、哲学が必要となる。そしてヘーゲル哲学こそこの絶対精神の本質についての真の「知」である、とされているのである。

第六章　絶対知

西　研

〔☆⇓〕絶対知とは、まず第一に、自己と対象の同一性（主観と客観の一致）の達成を意味する。意識と存在との統一、対象のなかに自己を見出すこと、と言っても同じである。

これは理性の章末尾の「事そのもの」においてすでに成立していた態度でもあって、理性からそのまま絶対知に導くやり方も可能だったはずであり、その意味で、絶対知は広義では理性に含まれるといってよい（ヘーゲル自身の書いた目次でも、理性・精神・宗教・絶対知は、じつはすべて「（C）理性」という大項目に含まれている）。

ともあれ、この絶対知の章は、精神や宗教も含めたこれまでの歩みのすべてを視野に入れつつ、「対象のなかに自己を見出す」ということがどのようにして成り立ってきたかを、あらためてふりかえる内容となっている。

絶対知とは、第二に、精神がみずからの本質である無限性の運動を純粋に自覚することを意味する。

自己と対象とのあいだにズレがあるかぎり、精神は自分の思考の運動を、対象という姿を通して間接的に知ることしかできなかった。しかし対象のなかに自己を認めるようになると、精神は自己自身の運動を純粋に見ることができるようになる。そこで、絶対知とは、精神がその本質である思考の運動(無限性の運動)を自覚すること、という意味をもつのである。そして絶対知は、精神の思考の運動を純粋に叙述する「論理学」という新たな学問のスタートラインであることが示される。

では、この章の流れを、簡単に示しておこう。

①絶対知の成立――『精神現象学』のこれまでの歩みすべてを視野に入れながら、以上の二点を確認し、絶対知の成立を見届ける。そのさい絶対知は、事実上、精神の章の結論である「良心」においてすでに到達されていたことが確認される。つまり絶対知=良心なのである。

②絶対知の歴史的前提――絶対知が成り立つためには、歴史的な精神の展開が必要であったことが述べられる。ここにはきわめて圧縮された哲学史の記述もある。

③体系の概観――絶対知につづく、哲学体系の構想が述べられる。「論理学」「自然学」「歴史の学」とつづく。

Ⅶ　絶対知

対象性の克服という課題

　啓示宗教は内容的には絶対精神だが、まだ「表象性」「対象性」につきまとわれていた。残っている課題はこの対象性を克服し、自己と対象との同一性を打ち立て、精神が精神自身を純粋に直観できるようにしなくてはならない〔精神が精神自身を純粋に見るようになると、絶対精神＝絶対知となる。啓示宗教も精神が自分を見てはいるのだが、しかしその仕方は表象的であるために、自己と対象との同一性にまでは到達していない〕。

　この対象性という形式（自己と対象とが異なったものであること）は「意識」に属するものだから、まずは、意識の章をふりかえってみよう。するとそこでの対象は、①「直接的存在」または「個別態」〔まったくの個別的な「これ」〕からスタートし、つぎに②「関連ないし限定態」〔「物」においては、他物とも共通する諸性質、つまり他物との関連が視野に入ってくる。物の対他存在（多数の諸性質）と対自存在（物は一つ）との矛盾が起きた〕、さらに③普遍態〔「力や法則」といった普遍的なもの〕へと変化してきた。つまり、対象は、個別態が限定態（他との関連）を経て普遍態へと至る、という一種の推理（三項連結）になっていた。

対象のこの三つの姿は意識の運動と不可分であって、これらは精神自身の契機とみなすべきものである〔精神の本質は無限性としてあり、個別態→限定態（他との関連）→普遍態という仕方で運動していく。精神のその運動が三つの対象の姿として現われていたのである〕。しかし意識の章では、この三契機は相互に連関しては捉えられず、バラバラになってしまっていた。しかも、自己と対象とはあくまでも別のものとされていた。

そこで必要なのは、第一に、この三契機の各々について対象を自己として知ることであり、第二に、この三契機の「総体」を自己として知ることである。ただし「対象を自己として知る」というのは、対象が自己に還帰するという一方的な運動ではなく、自己を対象として外化する運動でもある、ということに注意する必要がある。

対象を自己として知る

さて、これまでの歩みをふりかえってみよう。すると、三契機のそれぞれについて、対象を自己として知るに至った経験を取りだすことができる。

①直接性・個別態の契機――観察する理性は、物（自然）のなかに自己を求めて最終的に頭蓋論へと到達し「自我の存在は物である」という無限判断へと到達したのだった。そこでは、「直接的存在」つまり個別的対象である骨を、自己として知ることが成り立っている。

②他との関連・限定態の契機――「自分から疎遠になった精神」の「啓蒙の有用性」において、物は自我との関連におかれ（物は自分にとって有用である）、その対他存在の契機が着目された。ここでの自己意識は、自分から疎遠になった精神の世界を遍歴して、自分を外化することによって物を自分自身として生みだしたのだから、物が本質的に対他存在でしかないことを知っており、物にはたしかに対自存在（独立して眼前にある感覚的存在）という意味もあるが、しかしこれが消失する契機にすぎないことも知っている。こうして、限定態における対象（物）を自己として知ることが成り立った。

③本質・普遍態の契機――さらに、本質ないし普遍態としての対象も、自己として知られなくてはならない。これは「自分自身を確信している精神」の良心において到達される。

良心は行動して自分を対象的な場面へと置くが、それは自分から疎遠なものではなく、むしろ純粋な自己知となっている〔もちろん行為すれば批判を受けることはあるが、行動する良心と批評する良心との和解においては、その場面（対象）は自己の本質が顕現したものとなっている〕。

こうして三契機のそれぞれについて、対象を自己として知ることが成り立っていたことが確認された。

三契機の統一＝無限性の顕現

つぎに、三契機を統一して総体性として知ることが必要だが、これが先ほどの最後の良心のなかに含まれるのは自明なことである。少し詳しく良心の流れを見てみる。

まず、良心の知は行為によってそのまま存在となった（直接的な存在の契機）。良心はみずから行為し、かつ、それが自分の義務についての信念によるものだと表明することで、対象的な場面は自己知となる。

つぎに、良心の知は、関連と対立におけるものになった。良心は「純粋に個別的な自己についての知」（行動する良心）と「普遍的な自己についての知」（批評する良心）とに分かれ、対立する。

最後に、良心の知は、赦《ゆる》しにおいて普遍的なものとなった。――行動する良心の悪を指摘してやまない批評する良心の頑なさは、赦しにおいて放棄されたのだった。赦しにおいて、個別的知と普遍的知は一つになって、真の意味での普遍的な知となっている〔批評する良心が自負していた普遍性は、個別的な行動する良心と対立しているため、真の普遍性ではなかった。個別性の契機も普遍性の契機もどちらも必要だと自覚していることが真の意味での普遍性なのであり、このことが赦しにおいて自覚されたのである。ここにおいて、精神の無限性――いったん個別性と普遍性とに分かれ対立してもつぎには和解して一つになるという精神の運動――が顕現したことになる〕。

啓示宗教と良心との合一

このように対象性と自己との和解は、「精神」の最終形態である良心において達成されていた。これは「意識としての意識」ないし「対自存在」の形式における和解と言える〔意識的自覚的に達成されたものである〕。他方の「宗教」においてもやはり対象性と自己との和解は達成されているが、しかしそれは「自体存在」の形式におけるものであった〔意識自身の運動という仕方ではなく、自体存在つまり本質実在である神の運動を表象する仕方で達成されてきた〕。

そこで、啓示宗教と良心の『**この両側面の合一こそが、精神の諸形態の系列を完結させる**』(553, 425)のであり、この合一によって、精神は「自分が何であるか」について絶対的に知ることになるのである。そこで、啓示宗教と良心とを対比してみると、啓示宗教において表象されていた契機が、良心においては自覚的反省的なものとなっていることがわかる。以下、そのことを確認していこう。そしてこの作業は、これまで見てきた三契機を「概念」の諸契機として統一的に理解することにつながっていくだろう。

①良心の「美しい魂」は神的なものを自己として直観するものだったが、これは「概念の単一な統一態」であり、啓示宗教における「永遠なる本質」(絶対実在としての神)に対応する。

②批評する良心と行動する良心との対立は、「概念の対立態」(普遍態と自己内還帰した個別態との対立)であり、啓示宗教における「善と悪」に対応する。

③「赦し」は、「自分の外化との統一における概念」である「啓示宗教との対応が本文には書かれていないが、これは教団ないし聖霊の段階、つまり神と人間との和解の段階であろう」。

つまり、啓示宗教のすべての内容は、良心において、その対象性と表象性とがはぎとられて「自己」となり「自覚的行為」というかたちとなっていることが確かめられた。こうして啓示宗教の真実な内容に自己という形式を与えて概念を実現するところの精神が「絶対知」なのである〔絶対知の成立〕。

絶対知とは概念的に把握する知

絶対知とは『**自分を精神の形態において知るところの精神**』(556, 427) だが、この精神が精神自身を純粋に知るというあり方は、具体的には「概念的に把握する知 das begreifende Wissen」(同前) というあり方となる。なぜなら概念とは、定在(対象)でありながら自己であるもの、だからである〔概念として、個別態・関連・普遍態が出てきたが、他にも、存在／無、本質／現象などがある。これらの概念は、感覚的な具体性を一切脱落させた純粋な思考の諸規定であり、それらは対象となってもそのまま精神の自己知であるようなもの、と言える。そして、それぞれの概念の働きを叙述することは、精神が精神自身の運動性を純粋に把握することを意味する。これを詳しく徹底的におこなうのがヘーゲルの第二の主著『(大) 論理学』(一八一二年〜一八一六年) となる〕。

世界精神の完成が学に先立つ

ところで、精神が精神としての自覚に到達して概念的に把握する学が現われるのは、精神が自己意識と対象意識とが等しくなる地点にまで到達した後のことである。精神は歴史のなかで自己を形成する労苦を果たさねばならない。

その歩みにおいては、最初のうちは、実体をもろもろの具体的な形象として表象する意識のほうが、（哲学のように）実体を概念的に認識する自己意識よりも、はるかに豊かな内容をもっている。しかし自己意識は次第に自分を豊かにして、実体の全体を自己のほうへともぎとっていく。精神は経験をつみながら、自体（それ自体としてあると考えられるもの）を対自（理解されたもの）へと変換していくのである。

『したがって精神が（中略）**世界精神として完成する以前には、精神は自己意識的な精神として完成を遂げることはできない。**（中略）**宗教の内容のほうが学よりも時において先立つのはこのためである』**（559, 429f）

〔⇓〕つづいて、精神の自己認識の歴史として、きわめて圧縮されたかたちで原書で約二頁にわたって哲学史的な内容が述べられている。出版の時間の制約のためかもしれないが、あまりにも圧縮され晦渋《かいじゅう》なので、ここでは省略する。

体系の概観

〔⇓〕『精神現象学』は体系への導入であった。その結論である絶対知から、ほんらいの「学」の体系が始まる。絶対知につづき、精神はまず純粋な概念の境地でもって自己を展開する論理学となる。つづいて、精神はこの概念の境地を離れて具体的な自然と歴史の姿をとり、自然学と歴史の学となる。

①論理——『精神現象学』は意識（知）と対象（真）とのズレをばねに運動していった。「論理学」は概念という場面を動くので、このズレはない。そこでは対象（である概念＝思考規定）はそのまま自己知だからである。これは「概念のもつ純粋な限定性」によって運動していく〔概念のなんらかの限定性を、概念がみずから否定し超え出ていくという仕方で運動していく〕。

そして、『（論理）**学の抽象的な諸契機の各々には、現象している精神一般のひとつの形態が対応している**』（562, 432）〔『論理学』と『精神現象学』とが対応すると言われているが、どのように対応するかは明確ではない〕。

②自然——しかしまた、学は純粋な概念という形式を外化（放棄）する必然性を自分のなかにもっている。一つの道はふたたび『精神現象学』へ至る道であり、自己と対象との無媒介の同一性の境地から意識と対象とが離れ落ちることによる〔そうすることで『精神現象学』の冒頭の「これはある」がはじまる〕。

しかし『精神現象学』では、まだ対象と自己との関係があるので、この外化は不徹底である。知は、自分を知るだけでなく、自分を否定するもの（自然や歴史）を知らなくてはならず、これこそが、ほんらいの外化である。この外化において『**精神は自分が精神となる生成を自由な偶然的な出来事という形式において表現する**』（563, 433）〔概念の必然的な進行とは異なった、偶然的な出来事という形式をとることもまた、精神が精神として生成していくために必要である〕。

これには二つの仕方があり、それが自然と歴史である。自然も精神の運動だが、しかしそれは生命の運動という、あくまでも無自覚な仕方としてあるにすぎない。しかしこの自然の運動のなかで、主体と意識とが生みだされてくる。

③歴史——精神の生成のもう一つの側面が歴史である。これは自然とは異なって、自己を自覚していく生成である。この外化は「外化することとの外化」でもあって、外化によって一つの精神の形態が生みだされると、それを否定してつぎの精神の形態が生成していく。これはいわば「もろもろの画像からなるひとつの画廊」であり、非常にゆっくりと進みながら、精神は精神が何であるかを知っていくのである。

ところで、精神の新しい形態が生まれると、一見まったくの新規まきなおしで新しくはじめるように見えるが、そうではない。以前の経験は内面化され記憶されているのであって、実際には一段と高い形式となっているのである。この継起の目標が絶対知であり、

「精神の深淵が顕わになるという啓示」なのである。

さて、精神は目標に達するまでの道程として、これまでのもろもろの精神がどのようなものであったかについての思い出をもっている。これは、偶然性を含んだ歩みという側面から見れば「歴史」（現実の歴史の歩みそのもの）であり、概念的に把握された体系としては「現象する知の学」（「精神現象学」）となる。この両者を合わせたものが、「概念的に把握された歴史」（歴史の学）となるだろう。

この概念的に把握された歴史は、絶対精神の「思い出」であり、こうした歴史的な生成こそが、絶対精神の王座の現実性と真理性と確実性とを形作っているのである。

このもろもろの精神の国の盃から
泡立つのは絶対精神の無限

（シラーの詩『友情』からの自由な引用、564, 434）

〔☆⇓章末解説〕

『精神現象学』執筆時点での体系構想は、「学の体系第一部」が現象学であり、これが体系の導入となって、「学の体系第二部」である論理学がつづき、さらに自然学と歴史の学がつづく、というかたちであったことがここからはうかがえる。しかし後に出版されたヘーゲルの体系である『エンチュクロペディ』（一八一七年）は「論理学・自然哲学・精神哲学」という構図になっており、これは完結した体系であって体系への導入を必要としない、とされていた。つまり『精神現象学』は体系からはみ出してしまったことになる。

しかしこれは『精神現象学』が無価値なものであることを意味しない。『精神現象学』について、金子武蔵は「体系序論であるとともに体系総論である」と言っているが（金子武蔵『ヘーゲルの精神現象学』以文社、一九七三年、五〇頁以下）、精神がみずからを展開し自覚していく歩みというかたちのなかに、これまでヘーゲルが考えてきたことすべてを投入したものであり、まさしく「主著」と呼ぶにふさわしい著作である。これ以降の著作は基本的に『精神現象学』でのアイデアを展開したものと言ってよい。

ちなみに、精神というものが根源的な実在＝実体であって、これが歴史のなかで自己を展開しその最終的な自覚（絶対知）に行き着くというこの基本構図について、私たちはどう考えればよいだろうか。マルクスは精神は自律的に運動などしない、精神の背後には必ず経済的な物質的な条件がある、と主張した。私はマルクスの主張は基本的に正しいと思う。精神が特定の自然的・社会的な条件のもとに置かれていて、そこから切り離しては理解できない、ということは確かだ。

しかしまた、特定の条件によって精神はまったく異なったものになってしまうか、というと、そうではないだろう。時代や地域を超えた人間精神の基本的な本性を想定することは可能なはずであり（たとえば、どんな時代の人びとも、基準はちがっても美や道徳の感覚をもっているだろう）、「歴史貫通的な精神の本性＋特定の時代的社会的条件」という仕方で具体的な精神のあり方を理解することができる。あらためてそう考えたとき、ヘーゲルの自我の捉え方（とくに自己価値と承認の欲望）からは、きわめて普遍的な内実を取りだすことが可能だろう。

また、絶対知において歴史が終わるということに違和感を持つ方もあるだろう。しかし、絶対知とは、結局、良心のことだった。つまり、自由な存在としての自覚を獲得した個人がどのようなかたちで他者や社会との関わりを了解すればよいか、という問いが『精神現象学』の中核の問いであった。そこから見たとき、「良心」（またそれとおそらく対応するだろう「事そのもの」）は自由の自覚という意味での最終地点であって、決して人間精神の発展の事実上の終了を主張するものではないのである。

もう一つ問題がある。良心や事そのものの自覚と対応するような「社会形態」はどうなっているのか、という問いである。精神は意識であるとともに「世界の諸形態」である（精神の章冒頭）とすれば、これらの意識形態に対応する社会形態の記述が必要だったはずである。じつは、これはずいぶん後の『法の哲学』（一八二一年）で詳しく展開されることになる。

近代になって生まれた「個々人の自由を基盤とする社会」という理念を、私たちは受け継ぎ発展させることができるか。それともこれをまったく新たなものに置き換えるべきか。このような問いに対して、ヘーゲルの『精神現象学』と『法の哲学』は力強く「自由な社会には可能性がある」と答えている。『法の哲学』の内容についても、別の機会に詳しく論じてみたいと思う。

おわりに

竹田青嗣

哲学「超解読」の試み

すでに二〇〇七年に、われわれ（以下西・竹田のこと）は、『完全解読ヘーゲル『精神現象学』』（講談社選書メチエ）を出した（二〇一〇年には『完全解読カント『純粋理性批判』』）。超難解で鳴る主要な哲学書を一般の読者が理解できるように徹底的に解読する、というのが主旨だったが、この完全解読シリーズでさえ、なお難渋という声を多く聞いた。哲学の貴重な富を一般の人びとに知ってもらいたい、というのはわれわれの長年の思いだったので、ふたりで相談の結果、では、もういちどさらに徹底的に読み砕こうということになった。これがその「超解読シリーズ」の第一弾である。

「完全解読」と「超解読」の棲み分けは、前者は、もちろん好学の士にはそれ自体でも読み進められるが、原テクスト（独文・訳文）の解読のためのレファアレンスとしても利用できると思う。後者は、ほとんど予備知識なしでも『精神現象学』の独自のストーリーを追えるように、と配慮している。

なぜ「超解読」か？

哲学のテクストは、総じて、不必要にといえるほどに難解である。おまけに、現代は、ヴィトゲンシュタインの有名な言葉「語りえぬものについては、沈黙すべきである」（『論理哲学論考』）に象徴されるように、「語りえぬもの」（形而上学）、答えの出る見込みのないものについて、どこまでも語りつづけるのが哲学である、という反哲学的な考えが優勢な時代である。

さらに、かつてのように、ある書物が難解であるほどその高峰をよじ登ってみたい、といった情熱を多くの学生が共有していた時代とは大きく隔たっている。ちょうど現代音楽がそうだったように、不必要な難解さをありがたがる傾向をもつ哲学が、一般の人びとから見捨てられかけているとしても、それはある意味自然の理ともいえるのだ。

ところが、一方で、これはまずいぞという思いがわれわれにはある。われわれが哲学の読者として出会ったのは一九八〇年頃だったが、本格的に腹をくくって近代哲学を解読し直しはじめたのは一九九五年頃だ。そしてその出発点がヘーゲルの『精神現象学』だった。

このとき、われわれはヘーゲルを（そしてそれに応じて近代哲学の全体像を）〝再発見〟したように感じた。つまり、このときわれわれは、それまで自分たちが抱いていた「近代哲学」の像とはまったくちがったものを見出し、以後、哲学は、われわれにとって人に知られず眠りつづけている貴重な鉱脈のようなものとなった。

叡智を継承する言語ゲーム

哲学とは、哲学者の考えを理解したり「解釈」したりするものではなく、自分で〝思索〟すべきものだ、というような言い方もある。哲学の内実が内的な思索にあるというのはその通り、というほかはないが、このような言い方には落とし穴がある。内的な思索なら、自我の問題にぶつかった中学生や高校生でも必ずするものだからだ。

哲学は、人間の生の深い叡智を継承するところの言語ゲームである。そしてその独自の方法を世代にわたって長くリレーしつづけている。重要なのは、先行者たちが人間と世界のさまざまな謎をどれほど深く考え詰めたかについての、十分に的確で明快な理解なしには、われわれの内的な思索の力が鍛えられることはありえない、ということだ。もしこの理をつかみそこねれば、哲学とは世界と自己についての謎をどこまでも考えつづけることだ、といった表象は、自意識の内部だけでの主観的な思念のどうどう巡りと選ぶところがなくなるだろう。

若い頃、わたしもまた人並みに音楽と文学に熱中したので、哲学でなくても、それらが十分人間が自分の生を了解するためのすぐれた媒介となることを知っている。しかし哲学にも深く入り込んだので、それが、音楽や文学とはまた違った種類の自己了解と自己配慮の方法を示してくれるということもよく理解している。そして最後に、哲学の〝無用に難解な〟テクストが、その貴重な富が人びとに届くうえで、いかにやっかいで馬鹿げた障害になっているかについても、身にしみて痛感してきた。

わたしはつぎのことを強調したい。現代の哲学者の第一の仕事は、自分の哲学の展開それ自身である。しかし、もう一つの重要な仕事は、あらゆる手段を尽くして、哲学の難解な言葉を、一般の人びとに理解可能な言葉として明確に翻案して示すことにある。そしてその知恵を、人びととの生活の感度によって新しく〝テスト〟しなおすことである。もしこの努力を怠れば、哲学は、かつてのスコラ哲学のように、形而上学的専門家集団の隠語ゲームとして、滅びるほかはないだろう。

『精神現象学』の読みどころ

『精神現象学』の全体像と核心点については、「まえがき」で西研がこのうえなく的確に述べているので、ここではわたしがとくに興味を惹かれている読みどころを、一つだけ加えておきたい。

ヘーゲル哲学の〝体系《システム》〟は「有神論的世界像」であり、現代人の感度から見るといかにも〝古い〟ものだ。しかしこの体系的枠組みをうまく取り外すと、その内実は近代社会に生きる人間の「欲望」の本質論であって、そこには無類の洞察力がある。大きなストーリーは以下のようだ。

人間の欲望の本質は、「自己価値欲望」(自己欲望)という点にある。したがって、「自己の欲望」はまた、本質的に他者による「承認の欲望」を含む。さらに、人間は社会生活を営んでいるため、どんなことであれ、「他者の承認」なしに実現する欲望は存在しない。このため、人間社会は、まずは「承認をめぐる闘争」のゲームとなる(主奴論は、一方的な承認の奪い合いのゲームである)。

さて、近代社会では、一定の相互承認が成立し、実力による権力ゲームは排除される。そこで社会は、一定のルールのもとの承認獲得のゲームとなる。すべての人間は、承認を介する「自己欲望」の実現をめがける。ヘーゲルは、近代社会では、この「自己実現」の承認ゲーム(それは「自由」への欲望というかたちをとる)は「自由」のせめぎあいとなり、大きな矛盾を生みだすことを知っている。そして、この「自由の欲望」のせめぎあいが、どのような条件によって克服しうるかについての可能性の原理を示そうとしている。

この可能性の原理は、人間どうしが、いかなる条件で「自由の相互承認」の度合いを深め、社会的に実現してゆけるかということの原理でもある。そしてこの原理は、『精神現象学』において、「事そのもの」と「良心」の概念によってもっとも象徴的に示されている。これが、『精神現象学』といういわば「ビルドゥングス・ロマン」（近代人の自我形成の物語）の、大きなストーリーである。

なぜ『精神現象学』か

近代社会は、二〇世紀に入ってますます大きな矛盾を露呈した。われわれが社会の問題にぶつかったころ、マルクス主義が社会思想の正統であり、近代の「自由な社会」はやがてそれ自体克服されるだろうという展望が共有されていた。しかしいま、この展望はほとんどありえないものになった。二一世紀になると、「自由な社会」のオルタナティヴは当分存在しえないことがますますはっきりしてきたからだ。

このことによって、社会思想の基軸は大きく変らざるをえなくなった。「自由な社会」がその矛盾を克服する可能性を自分のうちにもつかどうかということが、決定的に重要な問題となる。われわれは、ヘーゲルがまさしくこのテーマを追究していたことに気づくはずだ。長い間ヘーゲルが批判されつづけたことにも理由があったが、現在、われわれがヘーゲルに注目すべき大きな理由もまた、存在しているのだ。

これらのことは、われわれがヘーゲルを読み直すうちにつかんだ大きな確信だった。しかし、そのようなヘーゲル哲学の核心を、その難解なテクスト自体が覆っていることもわれわれは知っていた。まずこれを「解読」することは、したがって、われわれの哲学的モチーフからいっても必須のことだった。

おそらくこれからの若い世代は、矛盾に満ちた「自由社会」がしかし「外部のないゲーム」でもあることを身体で知っているゆえに、『精神現象学』のエッセンスを深く理解するにちがいない。そしてそこから、新しい社会についての希望と可能性の思想をもういちど構想しなおしてくれるだろうと思う。

最後に、ともに長くヘーゲル解読に参加し、さまざまな示唆を与えてくれた現象学研究会やカルチャーセンターの仲間たちに、感謝。このシリーズを担当してくれている講談社現代新書の編集者、所澤淳さんにも感謝。ていねいな意見、大いに参考になりました。そして、ときおり励ましてくれる読者のみなさんにも、この場を借りて感謝します。これからも解読シリーズ（メチエ完全解読、新書超解読）、しばらくつづく予定です。

二〇一〇年四月一八日

講談社現代新書　2050

超解読《ちょうかいどく》！　はじめてのヘーゲル『精神現象学《せいしんげんしょうがく》』

二〇一〇年五月二〇日第一刷発行　二〇二五年三月四日第一〇刷発行

著者　竹田青嗣《たけだせいじ》　西研《にしけん》

発行者　篠木和久

発行所　株式会社講談社
東京都文京区音羽二丁目一二—二一　郵便番号一一二—八〇〇一
電話　〇三—五三九五—三五二一　編集（現代新書）
〇三—五三九五—五八一七　販売
〇三—五三九五—三六一五　業務

装幀者　中島英樹

印刷所　株式会社ＫＰＳプロダクツ

製本所　株式会社ＫＰＳプロダクツ

定価はカバーに表示してあります　Printed in Japan

N.D.C. 134.4　293p　18cm
ISBN978-4-06-288050-3

#「講談社現代新書」の刊行にあたって

教養は万人が身をもって養い創造すべきものであって、一部の専門家の占有物として、ただ一方的に人々の手もとに配布され伝達されうるものではありません。

しかし、不幸にしてわが国の現状では、教養の重要な養いとなるべき書物は、ほとんど講壇からの天下りや単なる解説に終始し、知識技術を真剣に希求する青少年・学生・一般民衆の根本的な疑問や興味は、けっして十分に答えられ、解きほぐされ、手引きされることがありません。万人の内奥から発した真正の教養への芽ばえが、こうして放置され、むなしく滅びさる運命にゆだねられているのです。

このことは、中・高校だけで教育をおわる人々の成長をはばんでいるだけでなく、大学に進んだり、インテリと目されたりする人々の精神力の健康さえもむしばみ、わが国の文化の実質をまことに脆弱なものにしています。単なる博識以上の根強い思索力・判断力、および確かな技術にささえられた教養を必要とする日本の将来にとって、これは真剣に憂慮されなければならない事態であるといわなければなりません。

わたしたちの「講談社現代新書」は、この事態の克服を意図して計画されたものです。これによってわたしたちは、講壇からの天下りでもなく、単なる解説書でもない、もっぱら万人の魂に生ずる初発的かつ根本的な問題をとらえ、掘り起こし、手引きし、しかも最新の知識への展望を万人に確立させる書物を、新しく世の中に送り出したいと念願しています。

わたしたちは、創業以来民衆を対象とする啓蒙の仕事に専心してきた講談社にとって、これこそもっともふさわしい課題であり、伝統ある出版社としての義務でもあると考えているのです。

一九六四年四月　野間省一

哲学・思想Ⅰ

Ⓐ

哲学・思想Ⅱ

宗教

27 禅のすすめ――佐藤幸治
135 日蓮――久保田正文
217 道元入門――秋月龍珉
606 「般若心経」を読む――紀野一義
667 生命《いのち》あるすべてのものに　マザー・テレサ
698 神と仏――山折哲雄
997 空と無我――定方晟
1210 イスラームとは何か――小杉泰
1469 ヒンドゥー教　クシティ・モーハン・セーン　中川正生 訳
1609 一神教の誕生――加藤隆
1755 仏教発見！――西山厚
1988 入門 哲学としての仏教　竹村牧男
2100 ふしぎなキリスト教――橋爪大三郎　大澤真幸
2146 世界の陰謀論を読み解く――辻隆太朗
2159 古代オリエントの宗教　青木健
2220 仏教の真実――田上太秀
2241 科学vs.キリスト教――岡崎勝世
2293 善の根拠――南直哉
2333 輪廻転生――竹倉史人
2337 『臨済録』を読む――有馬頼底
2368 「日本人の神」入門――島田裕巳

©

世界の言語・文化・地理

958 英語の歴史――中尾俊夫
987 はじめての中国語――相原茂
1025 J・S・バッハ――礒山雅
1073 はじめてのドイツ語 福本義憲
1111 ヴェネツィア――陣内秀信
1183 はじめてのスペイン語 東谷穎人
1353 はじめてのラテン語 大西英文
1396 はじめてのイタリア語 郡史郎
1446 南イタリアへ!――陣内秀信
1701 はじめての言語学 黒田龍之助
1753 中国語はおもしろい 新井一二三
1949 見えないアメリカ――渡辺将人
2081 はじめてのポルトガル語 浜岡究
2086 英語と日本語のあいだ 菅原克也
2104 国際共通語としての英語 鳥飼玖美子
2107 野生哲学――管啓次郎 小池桂一
2158 一生モノの英文法――澤井康佑
2227 アメリカ・メディア・ウォーズ――大治朋子
2228 フランス文学と愛――野崎歓
2317 ふしぎなイギリス――笠原敏彦
2353 本物の英語力――鳥飼玖美子
2354 インド人の「力」――山下博司
2411 話すための英語力 鳥飼玖美子

F

自然科学・医学

1141 安楽死と尊厳死──保阪正康
1328 「複雑系」とは何か──吉永良正
1343 カンブリア紀の怪物たち サイモン・コンウェイ・モリス 松井孝典 監訳
1500 科学の現在を問う 村上陽一郎
1511 優生学と人間社会──米本昌平 松原洋子 橳島次郎 市野川容孝
1689 時間の分子生物学──粂和彦
1700 核兵器のしくみ──山田克哉
1706 新しいリハビリテーション 大川弥生
1786 数学的思考法──芳沢光雄
1805 人類進化の700万年 三井誠
1813 はじめての〈超ひも理論〉 川合光
1840 算数・数学が得意になる本 芳沢光雄
1861 〈勝負脳〉の鍛え方──林成之
1881 「生きている」を見つめる医療──中村桂子 山岸敦
1891 生物と無生物のあいだ 福岡伸一
1925 数学でつまずくのはなぜか 小島寛之
1929 脳のなかの身体──宮本省三
2000 世界は分けてもわからない 福岡伸一
2023 ロボットとは何か──石黒浩
2039 ソーシャルブレインズ入門 藤井直敬
2097 〈麻薬〉のすべて──船山信次
2122 量子力学の哲学──森田邦久
2166 化石の分子生物学──更科功
2191 DNA医学の最先端 大野典也
2204 森の力──宮脇昭
2219 宇宙はなぜこのような宇宙なのか──青木薫
2226 宇宙生物学で読み解く「人体」の不思議──吉田たかよし
2244 呼鈴の科学──吉田武
2262 生命誕生──中沢弘基
2265 SFを実現する──田中浩也
2268 生命のからくり──中屋敷均
2269 認知症を知る──飯島裕一
2292 認知症の「真実」──東田勉
2359 ウイルスは生きている 中屋敷均
2370 明日、機械がヒトになる 海猫沢めろん
2384 ゲノム編集とは何か 小林雅一
2395 不要なクスリ 無用な手術 富家孝
2434 生命に部分はない──A・キンブレル 福岡伸一 訳

心理・精神医学

知的生活のヒント

78 大学でいかに学ぶか 増田四郎
86 愛に生きる——鈴木鎮一
240 生きることと考えること 森有正
297 本はどう読むか——清水幾太郎
327 考える技術・書く技術——板坂元
436 知的生活の方法——渡部昇一
553 創造の方法学——高根正昭
587 文章構成法——樺島忠夫
648 働くということ——黒井千次
722 「知」のソフトウェア——立花隆
1027 「からだ」と「ことば」のレッスン——竹内敏晴
1468 国語のできる子どもを育てる——工藤順一
1485 知の編集術——松岡正剛
1517 悪の対話術——福田和也
1563 悪の恋愛術——福田和也
1620 相手に「伝わる」話し方 池上彰
1627 インタビュー術!——永江朗
1679 子どもに教えたくなる算数 栗田哲也
1865 老いるということ——黒井千次
1940 調べる技術・書く技術——野村進
1979 回復力——畑村洋太郎
1981 日本語論理トレーニング——中井浩一
2003 わかりやすく〈伝える〉技術——池上彰
2021 新版 大学生のためのレポート・論文術——小笠原喜康
2027 地アタマを鍛える知的勉強法——齋藤孝
2046 大学生のための知的勉強術——松野弘
2054 〈わかりやすさ〉の勉強法——池上彰
2083 人を動かす文章術——齋藤孝
2103 アイデアを形にして伝える技術——原尻淳一
2124 デザインの教科書——柏木博
2165 エンディングノートのすすめ——本田桂子
2188 学び続ける力——池上彰
2201 野心のすすめ——林真理子
2298 試験に受かる「技術」——吉田たかよし
2332 「超」集中法——野口悠紀雄
2406 幸福の哲学——岸見一郎
2421 牙を研げ 会社を生き抜くための教養 佐藤優
2447 正しい本の読み方 橋爪大三郎

日本語・日本文化

P